Autores: Richard Vaughan, Richard Brown, David Waddell, Siobhan O'Connor, Nick Keyte, Álvaro Martino, Annie Casasús, Carmen Vallejo, Víctor Sanabria, Lucía Fraile y Paul Merrett

Concepto original: Siobhan O'Connor y Richard Brown

Edición y coordinación del proyecto: Annie Casasús

Edición del castellano: Elena Araújo

Dirección del proyecto: Richard Brown

Diseño y maquetación: ZAC diseño gráfico

Ilustraciones: Sandra Aguilar

ISBN: 978-84-92879-87-8

Dep. Legal: M-10104-2013

Imprime: Macrolibros

18

3 NIVELES:

BÁSICO
INTERMEDIO
AVANZADO

SÍMBOLOS

A lo largo de este libro irás encontrando símbolos que incidirán en diversos aspectos del inglés y te ayudarán a mejorar tu experiencia por este arduo camino. A continuación te damos una breve descripción de cada uno de ellos:

PRONUNCIACIÓN

En Vaughan prestamos especial atención a la correcta pronunciación, y la trabajamos considerándola desde la perspectiva del no nativo. Por este motivo hemos creado un sistema que utiliza la fonética castellana para aproximarse lo más posible a la pronunciación inglesa. Asimismo verás que utilizamos una tilde para indicar dónde recae el énfasis de la palabra. Por ejemplo, ***"disprove"*** se pronunciaría **/disssprúuvvv/**. Desde luego hay gran variedad de acentos ingleses y no existe un único acento 'correcto'. Sin embargo, en nuestros libros nos ceñimos a una pronunciación inglesa que consideramos 'neutral'.

ASPECTOS CLAVE

Siempre que veas este símbolo te estaremos señalando aspectos clave del inglés que debes aprender y memorizar ya que son necesarios para consolidar tu aprendizaje. Por eso, párate y dedica unos minutos a asimilar los conceptos que aquí te presentamos.

INFORMACIÓN ADICIONAL

En estos puntos te ofrecemos información y curiosidades adicionales del idioma que, no siendo imprescindibles, te permitirán ir un paso más allá y enriquecer tu inglés.

ERRORES COMUNES

¡No des un paso falso! Éste será el espacio reservado para tratar aquellos errores comunes y recurrentes que cometen los no nativos cuando hablan inglés, y que suponen un agravio para nuestros finos y delicados oídos. ¡Vaya manera de pisotear nuestro idioma! ¡Te daremos todas las pistas para que tú no seas uno de esos que tropieza una y otra vez en la misma piedra!

RETO

Este símbolo te informa que ha llegado el momento de ponerse a prueba. Saca tu cronómetro y realiza el ejercicio que te proponemos a la mayor velocidad posible. Actualmente la mayoría de los móviles tienen un cronómetro, ¡así que no tienes excusa!

REPASO CONTINUO

Si lo que deseas es hablar bien inglés, ¡el repaso continuo es un paso esencial que no puedes olvidar! El aprendizaje de un idioma require almacenar muchos datos en la cabeza y reproducirlos de forma inmediata siempre que sea necesario. ¡Nosotros vamos a ayudarte en esa tarea! De vez en cuando te pondremos a prueba sobre cosas que ya hemos visto ¡y tendrás que responder tan rápido como puedas!

PASO A PASO

Inglés Paso a Paso con Vaughan es un curso hecho a medida para ti que te llevará de la mano por todas las ramas de nuestro idioma, desde lo más básico hasta lo más complejo. Iremos motivándote durante todo el camino, dándote una plétora de consejos para consolidar tu aprendizaje en cada instante. **Paso a paso.**

En cada nivel de cada libro hay diez pasos a seguir. Hay pasos sobre gramática pura, pasos para enriquecer tu vocabulario, pasos para afinar tu pronunciación, pasos para limar errores o rellenar lagunas, y pasos para repasar lo ya visto. Todo presentado de forma amena para que vayas asimilando el aprendizaje de manera consolidada. Poco a poco. **Paso a paso.**

Empezaremos con lo más básico, trabajando cada concepto a fondo hasta que llegues a interiorizarlo para que forme parte de tu inglés activo. Siempre te recordaremos la importancia de no avanzar a un concepto nuevo hasta que hayas afianzado el anterior. La paciencia es tan importante como el esfuerzo continuo. **Paso a paso.**

Trabajaremos la pronunciación a tope desde nuestro sistema fonético, hecho a medida para ti para que llegues a aproximarte lo máximo posible a una buena pronunciación, pero siempre dándote indicaciones adicionales sobre qué tienes que hacer en cada momento con la lengua o boca. **Paso a paso.**

¿Cómo abordar este curso?

- La clave del éxito está en la perseverancia. Si pretendes adquirir un buen nivel de inglés en poco tiempo, estás muy equivocado. Hacerse con otro idioma requiere tiempo, constancia y esfuerzo. Con dedicarle **20 minutos al día TODOS LOS DÍAS DE LA SEMANA**, es suficiente como para notar grandes progresos.
- Primero escucha el audio, una sola pista. Luego lee el texto correspondiente en el libro y practica los ejemplos siempre **EN VOZ ALTA**. Luego vuelve a practicar con el audio todas las veces que sean necesarias hasta que domines la estructura presentada tanto desde el punto de vista oral como auditivo.
- El repaso continuo constituye una parte integral del curso, pero por encima de eso recomendamos enérgicamente que repases todas las lecciones o *Pasos* anteriores con frecuencia. Cuanto más mejor.

Esperamos que disfrutes aprendiendo mi idioma tanto como nosotros disfrutamos enseñándolo. Sólo nos queda desearte muchísima suerte con el inglés, recordando siempre que la suerte se labra. Al final, todo depende de ti. ***Good luck!***

Richard Vaughan

nivel

básico

Secándose el pelo en la ducha

El otro día estuve en casa de mi suegra. Era por la mañana y tras un copioso desayuno decidí ducharme. Me metí en la ducha y encendí el grifo pero, ¿cuál fue mi sorpresa cuando en lugar de escuchar ese sonido tan refrescante de un buen chorro de agua que todos asociamos a la ducha, escucho el ronroneo de un motor igual al de un secador de pelo?

Como puedes imaginar, la sensación fue muy desconcertante. Me estaba mojando, pero el ruido no me dejaba sentir el agua que caía por encima de mi. Después de unos momentos de estupefacción, mi razonamiento (severamente limitado a esas horas de la mañana) fue que, con toda probabilidad, el ruido estaba siendo causado por el aire atrapado en la alcachofa de la ducha; pero esto me daba igual porque mi desconcierto era tal que seguía pensando que me estaba secando el pelo en vez de ducharme.

Sin embargo, continúe, y poco a poco empecé a acostumbrarme a ese ruido tan extraño hasta el punto en que pude, por fin, sentir los chorros de agua sobre mi cuerpo y disfruté de mi ducha matinal.

Al salir de la ducha se me ocurrió algo: lo que acababa de experimentar era algo parecido a lo que experimentamos cuando empezamos a hablar un idioma extranjero. Al principio decimos cosas que nos parecen tan extrañas que tenemos la impresión de no estar comunicando nada. En realidad, sí estamos comunicando (mejor o peor) y, con el paso del tiempo, esta nueva sensación tan ajena a nuestros hábitos se convierte en algo que, aunque diferente, nos resulta familiar.

Si te sientes extraño hablando en inglés, sigue en tu empeño porque poco a poco notarás las refrescantes gotas de agua.

Lo que vas a ver en el nivel básico...

1

Practicaremos la forma de expresar en inglés **'una vez'**, **'dos veces'**, **'tres veces'**, etc.

2

Estudiarás el verbo ***"to like"*** (**'gustar'**), que genera muchísimas confusiones entre los alumnos.

3

Trabajaremos el uso y pronunciación de ***"never"*** (**'nunca'**).

4

Te presentamos dos nuevos adverbios de frecuencia: ***"almost always"*** (**'casi siempre'**) y ***"hardly ever"*** (**'casi nunca'**).

5

En nuestro *Paso de vocabulario* hablaremos de distintas **partes del cuerpo**.

6

Centraremos ahora nuestra atención en el verbo ***"to hurt"*** (**'doler'**), cuyo uso también causa conflictos entre los estudiantes de inglés.

7

Nos familiarizaremos con muchas expresiones para **saludar** y **despedirnos** de la gente en inglés.

8

Erradicaremos el error de decir *"fathers"* cuando lo que quieres expresar es ***"parents"*** (**'padres'**).

9

¡Pondremos a prueba tu destreza con el manejo de los **números**!

10

Un profundo **rePaso** de todo lo visto anteriormente.

PRONUNCIACIÓN (I)...

Recuerda que la pronunciación correcta de ***"times"*** contiene una **'m'** muy sonora y una **'s'** vibrada: **/táimmms/**.

PRONUNCIACIÓN (II)...

Puesto que en este *Paso* repasamos el uso de ***"once"*** y ***"twice"*** (que se estudiaron en la última entrega), incidimos en su pronunciación de nuevo para que no metas la pata: ***"once"*** se pronuncia **/uáansss/** y ***"twice"*** se pronuncia **/tuáisss/**.

1

ERROR COMÚN...

Casi nunca oirás a nadie decir *"one time a week"* o *"two times a week"*. Cuando queremos decir **'una vez a la semana'** o **'dos veces a la semana'** casi siempre diremos ***"once a week"*** o ***"twice a week"***.

¡Pon el CD!
Pista de audio
1

Gramática I

Número + times

En el libro anterior vimos cómo expresar en inglés **'una vez'** y **'dos veces'**, es decir, *"once"* y *"twice"* respectivamente. Pero, ¿por qué nos paramos ahí y no terminamos de enseñarte como decir **'tres veces'**, **'cuatro veces'**...etc.? Pues porque a partir del número **'tres'** seguimos exactamente la misma estructura que empleamos en castellano. Simplemente tenemos que combinar el número de veces del que hablamos con la palabra *"times"* (**'veces'**).

Además, en este *Paso* continuaremos trabajando con las expresiones *"a week"* (**'a la semana'**), *"a month"* (**'al mes'**)... etc., para especificar la frecuencia con la que se hace algo.

three	times	a day
four		a week
five		a month
six		a year

¡Vamos con una serie de ejemplos! Empleando la estructura que te acabamos de enseñar, traduce las siguientes frases. Repite el ejercicio hasta no cometer ni tan siquiera un fallo. ¡A por ello!

Escucho esta canción tres veces al día.	**I listen to this song three times a day.**
Ella ve esa película cuatro veces al mes.	**She watches that movie four times a month.**
Vamos a médico dieciséis veces al año.	**We go to the doctor sixteen times a year.**
Él viene a casa cuatro veces al año.	**He comes home four times a year.**
Ellos van a ir a visitarle cinco veces el año que viene.	**They're going to visit him five times next year.**

La semana pasada ya te lo comentábamos. También existe la palabra ***"thrice"*** que significa **'tres veces'**, pero actualmente es un término que se encuentra en desuso y es mucho más habitual decir ***"three times"***.

Jugaremos a ese juego siete veces en la próxima hora.	**We'll play that game seven times in the next hour.**
Voy de compras tres veces a la semana, cada semana.	**I go shopping three times a week, every week.**

¿Cómo se dice en inglés **'Ella va a comprar ropa una vez al mes'**?

"She goes clothes shopping once a month"

Vamos a continuar practicando la estructura que nos ocupa, esta vez repasando también el uso de *"once"* (**'una vez'**) y *"twice"* (**'dos veces'**). Ya sabes, ¡di todos los ejemplos en voz alta!

Voy a nadar dos veces a la semana, pero voy a correr tres veces a la semana.	**I go swimming twice a week, but I go running three times a week.**
Ella hace sus deberes cinco veces a la semana, pero se va a bailar una vez a la semana.	**She does her homework five times a week, but she goes dancing once a week.**

Al igual que ***"to go dancing"***, la semana pasada vimos algunos otros verbos que se suelen expresar en gerundio y acompañando al verbo *"to go"*. Aquí te recordamos tres: *"to go fishing"* (**'ir de pesca'**), *"to go swimming"* (**'ir a nadar'**), *"to go skiing"* (**'ir a esquiar'**).

Friego los platos seis veces a la semana y mi marido lo hace una vez a la semana.	**I do the washing up six times a week and my husband does it once a week.**
Ella vendrá de visita cuatro veces al año pero te llamará dos veces a la semana.	**She'll come to visit four times a year but she'll call you twice a week.**
Tomaré la pastilla tres veces al día y llamaré al médico una vez a la semana.	**I'll take the pill three times a day and I'll call the doctor once a week.**
Acuérdate de comer verduras todos los días y de comer pescado por lo menos dos veces a la semana.	**Remember to eat vegetables every day and to eat fish at least twice a week.**

Ya hemos incidido en ello otras veces pero volvemos a hacerlo ahora: si hablamos de **'tomar pastillas o medicamentos'** usamos el verbo *"to take"* y si hablamos de **'tomar comida y bebida'** empleamos el verbo *"to have"*, sin embargo, si de lo que hablamos es de **'comer alimentos específicos como un hábito o costumbre'** utilizamos el verbo *"to eat"*.

Leo el periódico tres veces a la semana y veo las noticias deportivas una vez a la semana.	**I read the newspaper three times a week and watch the sports news once a week.**

SABER ALGO MÁS...

El verbo ***"to like"*** pertenece a un grupo de verbos denominados ***"non-action verbs"***. Todos tienen en común de que nunca se emplean en tiempos verbales continuos. Otros verbos similares son: ***"to love"*** (**'amar'**), ***"to want"*** (**'querer'**), ***"to believe"*** (**'creer'**). Por lo tanto, una frase como ***"I'm loving it"*** es ejemplo de un mal inglés.

UN VERBO POLIVALENTE...

El verbo ***"to like"*** se emplea para indicar tanto si algo te **gusta**, como si alguien te **cae bien** o si te **atrae**.

2

PRONUNCIACIÓN...

El verbo ***"to like"*** se pronuncia **/láik/**. Y cuando añadas la **'s'** de la tercera persona, resiste la tentación de decir /laikes/. Se pronuncia **/láiksss/**, sin sonido de vocal entre la **'k'** y la **'s'**.

¡Pon el CD!
Pista de audio
2

Gramática II

To like

Ya en el libro **5** hicimos una introducción preliminar del verbo ***"to like"***, pero en el *Paso* que nos ocupa lo presentaremos de manera formal y más detenidamente. El verbo ***"to like"*** es, sin duda, uno de los verbos que más confusión provoca entre los estudiantes. Muchas veces oímos cosas tan raras como: *"The flowers like me"* (**'Yo gusto a las flores'**).

Me gustan las flores = **I like flowers**

Fíjate que en inglés soy yo quien ejerce la influencia sobre las flores, no las flores sobre mí. Quizá, para aclarar la diferencia aún más, podríamos equiparar el verbo ***"to like"*** con **'apreciar'** o **'valorar'**. Esto nos puede ayudar para asimilar mejor dicha estructura:

Aprecio a las flores = **I like flowers**

Como ves, nosotros expresamos el verbo **'gustar'** al revés que en castellano.

Hablando en términos gramaticales, el sujeto en inglés se convierte en complemento en castellano, y el complemento en inglés se convierte en sujeto en castellano:

Inglés	**Sujeto**	**+**	**verbo**	**+**	**complemento**
	I	+	like	+	flowers

Castellano	**Complemento**	**+**	**verbo**	**+**	**sujeto**
	Me	+	gustan	+	las flores

Muchos alumnos de un nivel avanzado cometen errores a menudo cuando se trata de emplear este verbo, por ello es uno de los aspectos que queremos consolides bien para que tu inglés no titubee en el futuro. Repite todas las frases de esta sección día tras día hasta que llegue el momento en que puedas decirlas todas sin pestañear.

Me gustas.	**I like you.**

Te gusto.	**You like me.**

Ten en cuenta que *"You like me"* también podría significar **'Os gusto'**.

Les gustamos.	**They like us.**

Nos gustan.	**We like them.**

Le gusto (a ella).	**She likes me.**

Recuerda que añadimos la **'s'** al final del verbo en tercera persona del singular en presente simple.

Le gustamos (a él).	**He likes us.**

El verbo *"to like"* puede tener las mismas connotaciones de atracción física en inglés que en español, pero recuerda: no siempre que lo uses querrá decir esto.

¡Ahora trabajemos el negativo! Para decir que a alguien no le gusta algo, se emplea *"don't"* + *"like"*, a no ser que hablemos de la tercera persona del singular, en cuyo caso se usa *"doesn't"* + *"like"*. Pero referirnos constantemente a reglas gramaticales constituye uno de los obstáculos más difíciles de superar a la hora de hablar un idioma. Lo importante es la práctica, así que, ¡vamos a por ello!

No me gustas.	**I don't like you.**

No olvides que el verbo auxiliar *"do"* contraido con la partícula *"not"* se pronuncia **/dddounttt/** y no /don/.

No te gusto.	**You don't like me.**
No les gustamos.	**They don't like us.**

Recuerdo que cuando hace años los soldados americanos de la Base de Torrejón iban a las discotecas, a veces se les oía, en su mal castellano, decir a una chica guapa: 'Yo gusto tú'. Estaban traduciendo literalmente del inglés: *"I like you"*. ¡Siempre se aprende de los errores!

No nos gustan.	**We don't like them.**
A ella no le gusta (él).	**She doesn't like him.**

¡Ya lo sabes! En tercera persona del singular, *"don't"* se convierte en *"doesn't"*.

No nos gusta (él).	**We don't like him.**

NUNCA DIGAS NUNCA...

Tanto el inglés como el castellano son dos idiomas muy ricos en refranes y proverbios, en este caso, el famoso **'Nunca digas nunca'** también existe en inglés: *"Never say never"*.

PRONUNCIACIÓN...

Probablemente no sea la primera vez que te lo decimos, pero aunque el sustantivo *"restaurant"* se parece muchísimo a **'restaurante'**, en inglés nos comemos alguna que otra letra, decimos: **/réstronttt/**.

SABER ALGO MÁS...

Quizás te preguntes cómo se dice en inglés **'casi nunca'**. Pues bien, para hacer este tipo de construcción tendrás que utilizar dos adverbios juntos y decir *"hardly ever"*. De momento no debes preocuparte por ello ya que es algo en lo que incidiremos más adelante.

¡Pon el CD!
Pista de audio
3

Tu inglés dará un salto cualitativo cuando aceptes que estás hablando otro idioma y, por tanto, tendrás que aprender nuevos sonidos que no existen en tu lengua nativa. ¡Ánimo, tú puedes!

Pronunciación

Veamos cómo se pronuncia...

NEVER

/never/

¡Prohibido pasar!

/névvva/

Ahora sí, ¡puedes pasar!

En el libro **16** practicamos la pronunciación del adverbio de frecuencia *"usually"*, que como te comentamos se emplea para decir **'normalmente'**. En este *Paso* vamos a ver un adverbio completamente opuesto: se trata de *"never"*, que significa **'nunca'**.

Como ya te hemos dicho otras veces, los adverbios de frecuencia expresan la asiduidad con la que realizamos determinadas tareas y, como podemos apreciar en la siguiente tabla, suelen colocarse justo antes del verbo:

Sujeto	+	adverbio de frecuencia	+	verbo
I	+	never	+	go
He	+	never	+	goes

Empezamos trabajando unas frases que contienen el verbo principal ***"to have"*** y el adverbio ***"never"***, además de repasar vocabulario de entregas anteriores. Recuerda pronunciar este adverbio de frecuencia como te hemos indicado en la página anterior: **/névvva/**.

Nunca desayuno en casa.	**I /névvva/ have breakfast at home.**

Observa que colocamos el adverbio de frecuencia ***"never"*** justo antes del verbo ***"to have"***.

Ella nunca come en un restaurante.	**She /névvva/ has lunch in a restaurant.**
Mi hermana nunca desayuna con su jefe.	**My sister never has lunch with her boss.**

Como vimos en el libro 15, cuando utilizamos el verbo ***"to have"*** en tercera persona del singular del presente simple empleamos ***"has"*** en lugar de *"have"*: ***"he/she/it has"***.

Yo nunca tengo un resfriado en verano.	**I never have a cold in summer.**
Mi hermano nunca tiene fiebre.	**My brother never has a fever.**
Nunca tenemos fiebre en invierno.	**We never have a temperature in the winter.**

¿Recuerdas cómo decíamos **'tener fiebre'** en Estados Unidos?

"to have a fever"

Igual que hicimos en la entrega pasada para trabajar los adverbios *"sometimes"* y *"always"*, en los siguientes ejemplos el profesor hará una serie de preguntas sirviéndose de la estructura *"How often...?"* (**'¿Con qué frecuencia...?'**), a las que el alumno deberá responder utilizando esta vez el adverbio *"never"*.

How often do you have lunch with your boss?	**I never have lunch with my boss.**

Recuerda que *"never"* se pronuncia con una **'v'** vibrada, por este motivo, la transcripción que te sugerimos contiene tres **'v'**. No tienes excusa para pronunciar mal **/névvva/**.

How often do you study Russian on the train?	**I never study Russian on the train.**

En inglés norteamericano la **'t'** de la palabra *"often"* es muda, un americano diría **/ófennn/**. Por otro lado, en el Reino Unido, a veces la pronunciamos y otras veces la omitimos.

How often do your friends play tennis?	**They never play tennis.**
How often do you go to the cinema?	**I never go to the cinema.**
How often does she have a runny nose?	**She never has a runny nose.**

Por si lo hubieses olvidado, *"a runny nose"* no es una 'nariz corredora', sino la forma que tenemos en inglés para decir **'tener mocos'**.

How often do they go fishing?	**They never go fishing.**

ERROR COMÚN..

¡Ya te lo hemos dicho en anteriores ocasiones! Un error muy frecuente es emplear ***"almost always"*** o ***"hardly ever"*** (o cualquier otro adverbio de frecuencia) al principio de una frase. Salvo excepciones, esto está mal en inglés. Coloca estos elementos antes del verbo principal de la frase, a no ser que se trate del verbo ***"to be"***, en cuyo caso se colocará después del mismo.

4

PRONUNCIACIÓN (I)

"Almost always" se pronuncia /**óolmousssstttóolueis**/, y ***"hardly ever"*** se pronuncia /**hhháaadddliiévvva**/.

PRONUNCIACIÓN (II)

Muchos estudiantes cometen errores a la hora de pronunciar nuestra palabra para **'desayuno'**. ***"Breakfast"*** se pronuncia /**brékfassssttt**/, con una **'k'** bien marcada antes de la **'f'**, y sin olvidarte de la **'s'** delante de la **'t'**.

¡Pon el CD!
Pista de audio
4

Gramática III

Adverbios de frecuencia: Almost always y hardly ever

Hasta el momento te hemos presentado muchos adverbios de frecuencia: *"usually"*, *"sometimes"*, *"always"*, *"never"*, *"once"*, *"twice"*... etc. Considerando que se trata de elementos lingüísticos muy importantes dentro de un idioma y que hay mucha gente con un gran nivel de inglés que los emplea mal, vamos a incidir en su repaso muchas veces a lo largo de este curso.

En este *Paso* añadimos dos adverbios más a la lista: *"hardly ever"*, que significa **'casi nunca'**, y *"almost always"*, que significa **'casi siempre'**. Recuerda que la estructura es siempre la misma:

Sujeto	+	adverbio de frecuencia	+	verbo
I	+	almost always	+	go
He	+	hardly ever	+	goes

Vamos a dedicar esta página al adverbio **'casi siempre'** (*"almost always"*). ¡Esperamos que lleves bien estudiadas todas las entregas anteriores! Mucho de lo aprendido te hará falta para traducir las siguientes frases.

Casi siempre desayuno en casa.	**I almost always have breakfast at home.**
Mi hermano casi siempre juega al golf los domingos.	**My brother almost always plays golf on Sundays.**

Si has olvidado la **'s'** al final del verbo ***"play"***, ¡vuelve a la entrega **17**! ¡Ya deberías dominar el uso de la **'s'** en la tercera persona del singular del presente simple!

(Ella) Casi siempre come en casa.	**She almost always has lunch at home.**
Casi siempre trabajo los sábados.	**I almost always work on Saturdays.**
Ellos casi siempre me hablan.	**They almost always talk to me.**

Recuerda que ***"talk"*** se pronuncia **/tttóok/** y no /talk/.

Casi siempre jugamos al fútbol los lunes.	**We almost always play football on Mondays.**

¿¡No habrás dicho *"the Mondays"*!? Recuerda que cuando se trata de un día de la semana, usamos la preposición ***"on"***.

Ahora centremos nuestra atención en el adverbio opuesto: **'casi nunca'** (*"hardly ever"*) ¡¡Recuerda que las 'r' no se pronuncian!! Es decir, no digas /hhháaardddliiévvver/ en lugar de **/hhháaadddliiévvva/**. Tapa la columna de la derecha y traduce las siguientes frases de la manera más fluida posible.

Casi nunca vamos a nadar.	**We hardly ever go swimming.**

Apenas nadie dice *"to go to swim"*. Ya te lo hemos dicho antes, hay determinados verbos que suelen emplearse con el verbo ***"to go"*** + **otro verbo en gerundio** (***"-ing"***).

Casi nunca juego al tenis.	**I hardly ever play tennis.**

Un sinónimo de ***"hardly ever"*** es ***"seldom"*** **/séldddaammm/**. Sin embargo, no es una palabra tan común como ***"hardly ever"***.

Casi nunca voy caminando al trabajo.	**I hardly ever walk to work.**

Recuerda que ***"walk"*** se pronuncia **/uóok/** y no /uálk/. Además, ***"work"*** se pronuncia **/uéek/** y no /uork/. Por tanto decimos: **/uóok_tu_uéek/**

Casi nunca llueve aquí.	**It hardly ever rains here.**
Casi nunca estudio.	**I hardly ever study.**
Él casi nunca juega al fútbol.	**He hardly ever plays football.**

¿QUÉ MÁS VOY A APRENDER?

Además del vocabulario sobre **'partes del cuerpo'**, en este *Paso* aprenderás un verbo nuevo: ***"to point"*** (**'señalar con el dedo'**). Ten en cuenta que siempre empleamos la preposición ***"at"*** a la hora de hacer referencia a lo que estamos señalando.

ADJETIVOS...

También introducimos en los próximos ejemplos los adjetivos ***"left"*** (**'izquierda'**) y ***"right"*** (**'derecha'**). Recuerda que los adjetivos en inglés van colocados antes del sustantivo, es decir, en inglés decimos ***"right arm"*** (**'brazo derecho'**).

5

RECORDATORIO...

Como sabes, el adjetivo ***"right"*** significa **'derecha'**, pero además, dependiendo del contexto en que lo encuentres, puede significar **'correcto'**: ***"That's a right answer"***.

¡Pon el CD!
Pista de audio
5

¡Ni se te ocurra saltarte este *Paso*! El vocabulario es una de las partes más esenciales y enriquecedoras a la hora de aprender un idioma. ¡Presta especial atención a la pronunciación!

Vocabulario

Partes del cuerpo

cabeza	**head**	**/hhhéddd/**
ojos	**eyes**	**/áis/**
nariz	**nose**	**/nóus/**
boca	**mouth**	**/máuz/**
brazos	**arms**	**/áaammms/**
piernas	**legs**	**/légggs/**
pelo	**hair**	**/hhhéee/**
orejas	**ears**	**/íias/**

En nuestro *Paso de Vocabulario* te presentamos ocho términos relacionados con las **partes del cuerpo.** Fíjate que en inglés, para referirnos a las mismas, solemos emplear los adjetivos posesivos (***"my"***, ***"your"***, ***"his"***, etc.), mientras que en castellano utilizamos los artículos definidos (**'el'**, **'la'**, **'los'**, **'las'**).

¡Ojo con las pronunciaciones de algunas palabras! Por ejemplo, el término ***"hair"*** (**'pelo'**) se pronuncia de forma muy similar al adjetivo posesivo ***"her"*** que ya conoces; no obstante, cuando nos queremos referir a **'pelo'** alargamos más la **'e'** y decimos **/hhhéee/**. Por otra parte ten en cuenta que el sustantivo ***"ears"*** (**'oidos'**), se pronuncia de manera muy distinta a la de su grafía: decimos **/íias/**.

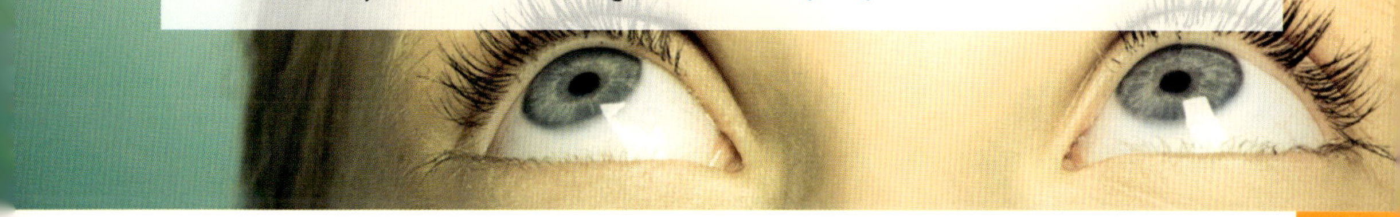

En el siguiente ejercicio, el profesor te va a preguntar qué parte de su cuerpo está señalando. Para ello, utilizará la estructura en presente continuo *"What am I pointing at?"* (**'¿Qué estoy señalando?'**). Puesto que éste no es un curso presencial, entre paréntesis te indicamos dicha parte del cuerpo. Has de responder empleando el mismo tiempo verbal, por ejemplo, *"You're pointing at your right leg"* (**'Estás señalando la pierna derecha'**).

Profesor:	**What am I pointing at?** (Los brazos)	Alumno:	**You're pointing at your arms.**

Recuerda que pronunciación de la contracción *"you're"* y el adjetivo posesivo *"your"* es la misma: /ióo/ en el inglés británico, y /iur/ en el americano.

Profesor:	**Which arm am I pointing at?** (El brazo derecho)	Alumno:	**You're pointing at your right arm.**

Fíjate que empleamos la partícula interrogativa *"which"* en vez de *"what"* cuando se trata de hacer una elección entre dos o más cosas ya identificadas. Si tuvieras alguna duda sobre su utilización, puedes revisar el libro **6** en el que practicamos con *"which"*.

Profesor:	**What am I pointing at?** (La cabeza)	Alumno:	**You're pointing at your head.**
Profesor:	**What am I pointing at?** (Los ojos)	Alumno:	**You're pointing at your eyes.**

¡Ojo! La pronunciación de *"eye"* (**'ojo'**) es igual al pronombre personal *"I"* (**'yo'**): /ái/.

Profesor:	**Which eye am I pointing at?** (El ojo izquierdo)	Alumno:	**You're pointing at your left eye.**
Profesor:	**What am I pointing at?** (La nariz)	Alumno:	**You're pointing at your nose.**

Continuamos con la misma dinámica de ejercicio señalándote más partes del cuerpo. Utilizar el audio mientras trabajas te resultará de gran ayuda para practicar la pronunciación de las partes del cuerpo que estamos viendo.

Profesor:	**What am I pointing at?** (Las piernas)	Alumno:	**You're pointing at your legs.**
Profesor:	**Which leg am I pointing at?** (La pierna derecha)	Alumno:	**You're pointing at your right leg.**
Profesor:	**What am I pointing at?** (La boca)	Alumno:	**You're pointing at your mouth.**

Como ya te hemos dicho, en inglés es necesario utilizar adjetivo posesivo cuando hablamos de las partes del cuerpo. Si expresaras *"You're pointing at the mouth"*, no sabríamos qué boca estás señalando.

Profesor:	**What am I pointing at?** (Las orejas)	Alumno:	**You're pointing at your ears.**
Profesor:	**Which ear am I pointing at?** (La oreja izquierda)	Alumno:	**You're pointing at your left ear.**
Profesor:	**What am I pointing at?** (El pelo)	Alumno:	**You're pointing at your hair.**

La palabra ***"hair"*** funciona como un sustantivo incontable cuando nos referimos al pelo en su conjunto: ***"I have a lot of hair"*** (**'Tengo mucho pelo'**). Pero si quisiéramos referirnos a pelos sueltos funcionaría como sustantivo contable: ***"There are two hairs in my coffee!"*** (**'¡Hay dos pelos en mi café!'**).

PRONUNCIACIÓN...

El verbo *"to hurt"* se pronuncia /**hhhéettt**/, con el sonido de una **'h'** inglesa, que como te hemos dicho cientos de veces, es igual al sonido que se produce cuando limpias un cristal con el vaho de tu boca. Además tendrás que pronunciar una **'t'** final muy sonora.

SABER ALGO MÁS...

Aunque el verbo que significa **'sentir dolor'** sea el mismo que significa **'causar dolor'** (*"to hurt"*), el sustantivo que usamos para referirnos a **'dolor'** no es *"hurt"* sino ***"pain"*** /**péinnn**/.

6

RECORDATORIO...

Como te hemos mencionado en el *Paso* anterior, en inglés siempre que nos referimos a las partes del cuerpo, debemos emplear el adjetivo posesivo adecuado. Para decir **'Voy a lavarme las manos'** decimos literalmente **'Voy a lavar mis manos'**: ***"I'm going to wash my hands"***.

Gramática IV

To hurt

Cuando en inglés necesitamos decir que algo nos duele, lo hacemos de forma muy distinta de cómo se hace en castellano. Mientras que vosotros soléis decir **'Me duele el brazo'** nosotros decimos 'Mi brazo duele': *"My arm hurts"*.

Fíjate en la siguiente tabla para ver la estructura:

Adjetivo posesivo	+	sustantivo	+	verbo *"to hurt"*
My Your	+	arm	+	hurts
His Her Our Their	+	arms	+	hurt

- Si lo que duele es una parte del cuerpo que se expresa en singular – ***"my leg"*** (**'mi pierna'**), ***"your tongue"*** (**'su lenga'**), ***"his finger"*** (**'su dedo'**), etc.– el verbo *"to hurt"* se conjugará en singular, por ello cuando hablamos en presente simple se añade la **'s'** de tercera persona del singular: *"hurt**s**"*.
- En cambio si lo que duele es una parte del cuerpo que se expresa en plural – *"her arms"* (**'sus brazos'**), *"their lips"* (**'sus labios'**), *"my knees"* (**'mis rodillas'**), etc.– el verbo *"to hurt"* se conjugará en plural, es decir, sin la 's' al final: *"hurt"*.

Empezamos con una serie de frases afirmativas. ¿Eres capaz de traducirlas?

Me duele el dedo del pie.	**My toe hurts.**

"Toe": ¡No decimos *"foot finger"*! Suena muy gracioso en inglés. La palabra correcta para referirnos al **'dedo del pie'** es ***"toe"*** /tóu/.

Le duele (a él) la cabeza.	**His head hurts.**

Por supuesto, también es común decir: **'Tengo dolor de cabeza'**, que se traduce *"I have a headache"*. Se pronuncia /hhhédeik/.

Les duelen los pies.	**Their feet hurt.**
Nos duelen las piernas.	**Our legs hurt.**

Más difícil todavía... ¡Vamos a por el negativo!

No le duele (a ella) la espalda.	**Her back doesn't hurt.**
No me duele el estómago.	**My stomach doesn't hurt.**

¡La palabra ***"stomach"*** empieza por **'s'** y no por 'e'! /ssstáamak/.

No les duelen los oídos.	**Their ears don't hurt.**
No me duele el cuello.	**My neck doesn't hurt.**

Y para rematar... ¡unos ejemplos en el interrogativo!

¿Te duele el codo?	**Does your elbow hurt?**
¿Le duele (a él) la mano derecha?	**Does his right hand hurt?**
¿Les duelen las rodillas?	**Do their knees hurt?**

Recuerda que la 'k' de ***"knees"*** es muda: se pronuncia **/niis/**. El sonido de la **'s'** tiene que ser como un zumbido para que no se confunda con la palabra ***"niece"*** (**'sobrina'**), cuya **'s'**, en cambio, es silbada, **/niisss/**.

Creías que habías terminado, ¡pero no! Te vamos a hacer unas preguntas a las que tendrás que responder según las instrucciones que te indicamos:

Do his toes hurt?	−	**No, his toes don't hurt.**
Does your leg hurt?	+	**Yes, my leg hurts.**
Do her ears hurt?	−	**No, her ears don't hurt.**

No confundas la pronunciación de **'oído'** (***"ear"*** **/íia/**) con el verbo **'oír'** (***"hear"*** **/hhhíia/**).

Do your fingers hurt?	+	**Yes, my fingers hurt.**

RECUERDA QUE...

Aunque **'buenas noches'** en castellano funciona como saludo, *"good night"* sólo se dice cuando uno quiere despedirse de alguien por la noche. No funciona nunca como saludo en inglés.

DIFERENCIAS CULTURALES...

'Señora' se dice *"madam"* en el inglés británico, mientras que los norteamericanos dicen *"ma'am"* (pronunciado **/mámmm/**). En cambio **'señor'** se dice *"sir"* en ambos lados del charco.

7

SABER ALGO MÁS...

El saludo *"How do you do?"* (**'Mucho gusto'**) aunque merece la pena aprenderlo, se usa con muy poca frecuencia; de hecho algunas personas no lo habrán empleado en su vida. Conserva esta expresión para cuando conozcas gente de alta sociedad, como por ejemplo diplomáticos o la realeza.

¡Pon el CD!
Pista de audio
7

Expresiones Básicas

Vamos a dedicar este *Paso* a saludos, despedidas y otras formas verbales de etiqueta diaria. Se trata de expresiones necesarias, aunque menos importantes en el contexto del aprendizaje de un idioma. Es mucho más importante, por ejemplo, asegurar un buen dominio del verbo ***"to be"*** que dedicar demasiado tiempo a dominar los saludos, despedidas, etc. No obstante, es necesario saberlos.

SALUDOS

En primer lugar, vamos a trabajar distintos tipos de saludos del mundo anglosajón como pueden ser: *"hello"* (**'hola'**), *"hi"* (más informal), *"good morning"* (**'buenos días'**), *"good afternoon"* (**'buenas tardes'**) y *"good evening"* (**'buenas tardes'**).

DESPEDIDAS

También vamos a ver las despedidas más corrientes del idioma. Las de uso universal son: *"good bye"*, *"bye"* y *"bye, bye"* (todas significan **'adiós'**).

Sólo se decimos *"good night"* (**'buenas noches'**) para despedirnos cuando uno se va a la cama.

También trabajaremos otras expresiones como: *"see you later"* (**'hasta luego'**), *"see you tomorrow"* (**'hasta mañana'**) y *"see you soon"* (**'hasta pronto'**). Ten en cuenta que no se dice casi nunca *"until later"*, *"until tomorrow"*, etc.

ROMPIENDO EL HIELO...

Además de dirigir un saludo a la persona que tienes delante, normalmente tendrás que romper el hielo con ella... En situaciones muy formales dirías *"How do you do?"* (**'Mucho gusto'**), y para las situaciones más informales, puedes escoger cualquiera de las cuatro expresiones que te presentamos: *"How are you?"* (**'¿Cómo estás?'**), *"How are you doing?"* (**'¿Qué tal?'**), y *"How's it going?"* o *"How are things?"* (**'¿Cómo van las cosas?'**).

Familiarízate con los siguientes ejemplos y cuando te sientas preparado, tapa la columna derecha y ve traduciendo cada término al inglés.

Hola	De uso universal	**Hello**
Hola	Más informal	**Hi!**

⚠ Gramaticalmente no es incorrecto decir ***"hi"*** en situaciones formales, pero digamos que no es lo propio. Sería mejor emplear un saludo más formal.

Buenos días	Se dice hasta mediodía	**Good morning**

ⓘ En los países anglosajones, **'mediodía'** significa **12.00-13.00 hs.**

Buenas tardes	Se dice desde el mediodía hasta las seis, más o menos	**Good afternoon**
Buenas tardes	Se dice desde las seis hasta las nueve, más o menos	**Good evening**
Buenas noches	Despedida cuando uno va a la cama o se despide de anfitriones ya muy de noche	**Good night**
Adiós	Despedida estándar	**Good bye**
Adiós	Despedida breve y rápida	**Bye**
Adiós	Despedida más cariñosa	**Bye, bye**
Hasta luego		**See you later**
Hasta mañana	Literalmente: "Te veo..."	**See you tomorrow**
Hasta pronto		**See you soon**
Mucho gusto	Saludo formal	**How do you do?**
¿Cómo estás?	Menos formal	**How are you?**
¿Qué tal?		**How are you doing?**
¿Cómo van las cosas?	Saludo familiar	**How's it going?**
¿Cómo van las cosas?		**How are things?**

Si ya te sientes familiarizado con todas las expresiones de este *Paso*, ponte a prueba con las siguientes frases que responden a contextos más reales. ¡Tapa la columna derecha y empieza!

Hola Señor Jones.	**Hello Mr. Jones.**
¡Hola Mike! (muy informal)	**Hi Mike!**
Buenos días, Frank.	**Good morning, Frank.**
Buenas tardes, señor (antes de las 6 pm).	**Good afternoon, Sir.**

En situaciones muy informales, algunos simplemente decimos ***"afternoon"***, sin el ***"good"***.

Buenas tardes, señora (después de las 6 pm).	**Good evening, Madam.**
Buenas noches. Duerme bien.	**Good night. Sleep well.**
Adiós. Nos vemos el año que viene.	**Good bye. See you next year.**
¡Eso es mi autobús! ¡Adiós!	**That's my bus! Bye!**
¡Adiós Peter! (la forma más cariñosa)	**Bye, bye Peter!**
¡Me voy, hasta luego!	**I'm going, see you later!**
Me voy a casa. Hasta mañana.	**I'm going home. See you tomorrow.**

¡Ojo con no decir *"I'm going to home"*! La preposición *"to"* en esta frase sobra.

¡Hasta pronto, Teresa!	**See you soon, Teresa!**
Mucho gusto, señor.	**How do you do, sir?**
Hola Álvaro, ¿cómo estás?	**Hello Álvaro, how are you?**
Buenos días. ¿Qué tal?	**Good morning. How are you doing?**
Buenas tardes (antes de las 6 pm). ¿Cómo van las cosas?	**Good afternoon. How's it going?**

En la frase de arriba y la de abajo, puedes decir o ***"how's it going?"*** o ***"how are things?"***. Son intercambiables.

Buenas tardes (después de las 6 pm). ¿Cómo van las cosas?	**Good evening. How are things?**

ERROR COMÚN...

No debes confundir la palabra *"parents"* con **'parientes'**, término que se traduce al inglés como *"relatives"* o *"relations"*.

SABER ALGO MÁS...

Además de *"parents"* hay otra palabra que usamos muy a menudo en inglés para hablar de nuestras relaciones familiares: *"sibling"*. Si queremos referirnos a nuestros **'hermanos'** sin distinguir si son varones o mujeres los llamamos *"siblings"*.

8

RECORDATORIO...

En inglés, al igual que en castellano, no solemos dirigirnos a nuestro **'padre'** empleando el término *"father"*. Cariñosamente le llamamos *"dad"* (**'papá'**), o su equivalente más infantil *"daddy"* (**'papi'**) .

¡Pon el CD!
Pista de audio
8

Error Común
¡No des un paso en falso!

My parents

Correcto:	**My parents**
Incorrecto:	**My fathers**

Muchos alumnos hacen una regla de tres y piensan que si en inglés **'padre'** es *"father"*, **'padres'** (término que se refiere al padre y la madre de uno) debería ser *"fathers"*.

Referirte a tus progenitores empleando *"fathers"* es un gran error que queremos borrar de tu inglés. Nosotros les llamamos ***"parents"***, y por ello en los siguientes ejemplos vamos a machacar esta bonita palabra.

Empezamos con la traducción de una serie de ejemplos, en los que además de trabajar el término que nos ocupa, ***"parents"***, aprovecharemos para repasar estructuras que hemos visto en el pasado.

Mis padres van al supermercado tres veces a la semana.	**My parents go to the supermarket three times a week.**
¿Tus padres van a Francia a pasar las vacaciones?	**Do your parents go to France for their holidays?**
Sus padres (de él) nunca salen del país.	**His parents never leave the country.**

En inglés tenemos un adjetivo para decir **'en el extranjero'**: *"abroad"*. Podríamos haber dicho entonces, *"his parents never go abroad"* (**'Sus padres (de él) nunca van al extranjero'**).

Mis padres casi siempre me llaman los sábados por la noche.	**My parents almost always call me on Saturday night.**
Sus padres (de ella) se van de acampada una vez al año.	**Her parents go camping once a year.**
¿Tus padres viven por aquí?	**Do your parents live near here?**

Otra forma de decir **'cerca de aquí'** o **'por las inmediaciones'** es *"nearby"*. En el ejemplo anterior podríamos haber dicho: *"Do your parents live nearby?"* (**'¿Tus padres viven por aquí?'**).

¡Mis padres casi nunca hablan con ella!	**My parents hardly ever talk to her!**

¿Estás siendo capaz de traducir las frases de forma fluida y sin problemas? ¡No queremos ningún error! !Seguimos!

Nuestros padres vienen a vernos en mayo.	**Our parents are coming to see us in May.**
Tus padres no están en el salón. Están en la cocina.	**Your parents aren't in the living room. They're in the kitchen.**
Los padres de Jack y Suzy son de Noruega.	**Jack and Suzy's parents are from Norway.**

Recuerda lo importante que es la pronunciación de la **'m'** al final de *"from"*.

Nuestros padres siempre comen a la una.	**Our parents always have lunch at 1 o'clock.**
Vuestros padres están aquí.	**Your parents are here.**
Vuestros padres quieren hablar con vosotros.	**Your parents want to talk to you.**

Cuando expresamos **'hablar con alguien'**, solemos usar la preposición *"to"* y casi nunca *"with"*.

Nuestros padres suelen irse a la cama a las 9.	**Our parents usually go to bed at 9 pm.**

VOCABULARIO...

Es importante que sepas que en inglés a las **'unidades'** las llamamos *"units"*; a las **'decenas'**, *"tens"*; a las **'centenas'**, *"hundreds"*; y a los **'millares'**, *"thousands"*.

9

SABER ALGO MÁS...

Los **'fideos de chocolate'** de colores que se usan para decorar tartas y donuts se llaman *"sprinkles"* en EE.UU. y *"hundreds-and-thousands"* en el R.U.

RECORDATORIO...

Recuerda que cuando hablamos de **'millones de personas'**, no decimos *"millions of persons"*. La forma correcta es *"millions of people"*, y en este caso el término ***"million"*** sí va pluralizado.

¡Pon el CD!
Pista de audio
9

Números... ¡A paso ligero!

¡A jugar!

¡En este *Paso* vamos a jugar con los números! A medida que te vayamos indicando una cifra, irás construyendo un número cada vez mayor, ampliándolo en dígitos: unidad, decena, centena... Por ejemplo si te damos un 1, nos tendrás que decir ***"one"*** y si a continuación te damos un 2, el nuevo número será ***"twenty-one"***. Si después te diéramos un 3, deberíamos colocarlo en las centenas, dando lugar a ***"three hundred and twenty-one"***.

Seguiremos con esta secuencia hasta alcanzar los millares en inglés:

1	**One**
2	**Twenty-one**
3	**Three hundred and twenty-one**

¿Preparado para un poco de diversión? ¡Vamos a probar tu destreza con los números! Para realizar el ejercicio sigue las instrucciones que te dimos en la página anterior.

4	**Four.**
2	**Twenty-four.**
9	**Nine hundred and twenty-four.**
1	**One thousand, nine hundred and twenty-four.**

Una vez más, te recordamos que la palabra ***"thousand"*** se pronuncia **/záusanddd/**.

7	**Seventy-one thousand, nine hundred and twenty-four.**
4	**Four hundred and seventy-one thousand, nine hundred and twenty-four.**

Recuerda que al nombrar las centenas y las decenas de millar también tenemos que insertar la palabra ***"and"***.

1	**One million, four hundred and seventy-one thousand, nine hundred and twenty four.**

No subestimes este ejercicio, ya que, como has visto en la página anterior, la cosa se va complicando a medida que añadimos números. ¿Estás listo para la segunda ronda?

6	**Six.**

Empecemos la segunda ronda con buen pie, ¿de acuerdo? ***"Six"*** no se pronuncia /sis/ sino **/siks/**.

3	**Thirty-six.**
2	**Two hundred and thirty-six.**

Como ya vimos, siempre añadimos la palabra ***"and"*** entre las centenas y las decenas, así que no digas *"two hundred thirty six"*.

7	**Seven thousand, two hundred and thirty-six.**
2	**Twenty-seven thousand, two hundred and thirty-six.**
8	**Eight hundred and twenty-seven thousand, two hundred and thirty-six.**
2	**Two million, eight hundred and twenty-seven thousand, two hundred and thirty-six.**

Recuerda que cuando hablamos de números, nunca pluralizamos las palabras ***"million"***, ***"thousand"*** y ***"hundred"***. Es decir, hablamos de ***"two million"***, y no de *"two millions"*.

NO OLVIDES QUE...

Tienes que trabajar mucho el uso de los verbos *"to like"* (**'gustar'**) y *"to hurt"* (**'doler'**), porque ambos funcionan de forma distinta a como lo hacen en castellano, lo cual suele generar confusiones cuando los estudiantes desean emplearlos en inglés.

ESFUERZATE EN...

Practicar los números largos en inglés hasta que puedas expresar cualquier número de siete dígitos (o más) con facilidad. Recuerda que los números se dominan tras mucha práctica.

10

NI SE TE OCURRA...

Emplear erróneamente el término *"fathers"* para referirte a tus progenitores, cuando lo que quieres expresar es *"parents"* (**'padres'**).

¡Pon el CD!
Pista de audio
10

¡Ha llegado la hora del test final! El repaso es la clave del éxito y nunca lo podemos olvidar. ¿Has logrado hacerte con todas las palabras, estructuras y sonidos de esta entrega? No sólo se trata de entenderlas, sino también de reproducirlas con confianza y soltura.

¡El rePaso!

Él viene a casa cuatro veces al año.	**He comes home four times a year.**
Voy a nadar dos veces a la semana, pero voy a correr tres veces a la semana.	**I go swimming twice a week, but I go running three times a week.**
Friego los platos seis veces a la semana y mi marido lo hace una vez a la semana.	**I do the washing up six times a week and my husband does it once a week.**
Me gustas.	**I like you.**
Te gusto.	**You like me.**
No te gusto.	**You don't like me.**
Ella nunca come en un restaurante.	**She never /névvva/ has lunch in a restaurant.**
Mi hermano nunca tiene fiebre.	**My brother never /névvva/ has a fever.**

Casi siempre desayuno en casa.	**I almost always have breakfast at home.**
Casi nunca vamos a nadar.	**We hardly ever go swimming.**

Responde a las preguntas del profesor:

Profesor:	**Which arm am I pointing at?** (El brazo derecho)	Alumno:	**You're pointing at your right arm.**
Profesor:	**What am I pointing at?** (La boca)	Alumno:	**You're pointing at your mouth.**
Profesor:	**What am I pointing at?** (Las orejas)	Alumno:	**You're pointing at your ears.**

Nos duelen las piernas.	**Our legs hurt.**
No me duele el estómago.	**My stomach doesn't hurt.**
¿Le duele (a él) la mano derecha?	**Does his right hand hurt?**
¡Me voy, hasta luego!	**I'm going, see you later!**
¡Hasta pronto, Teresa!	**See you soon, Teresa!**

Buenas tardes (antes de las 6 pm). ¿Cómo van las cosas?	**Good afternoon. How's it going?**
¿Tus padres viven por aquí?	**Do your parents live near here?**

Otra forma de decir **'cerca de aquí'** o **'por las inmediaciones'** es *"nearby"*. En el ejemplo anterior podríamos haber dicho: *"Do your parents live nearby?"* (**'¿Tus padres viven por aquí?'**).

Los padres de Jack y Suzy son de Noruega.	**Jack and Suzy's parents are from Norway.**

¡Ponemos a prueba tu destreza numérica! Ve añadiendo el dígito que te damos al comienzo de la oración para ir formando cifras cada vez más grandes:

4	**Four.**
2	**Twenty-four.**
9	**Nine hundred and twenty-four.**
1	**One thousand, nine hundred and twenty-four.**

¡No te engañes! Si no dedicas un mínimo de **20 minutos al día** para repasar y afianzar los conocimientos que te acabamos de enseñar, habrás perdido tu tiempo. El éxito para aprender un idioma depende sólo de una cosa: del esfuerzo continuo del alumno.

nivel

intermedio

La liebre y la tortuga (II)

O cómo hacer buen uso de las contracciones.

En el editorial de la semana pasada hablamos de la importancia de dedicar a la tarea de aprender un idioma un esfuerzo continuo, refiriéndonos a la mítica carrera entre la liebre y la tortuga. En el aprendizaje siempre es mejor ser la tortuga.

Pero, por otro lado, no podemos decir lo mismo sobre la forma de hablar un idioma extranjero.

Lo que más diferencia a un nativo de un extranjero a la hora de hablar un idioma es que el primero lo concibe como una cadena de sonidos, compuestos por varias palabras a la vez, mientras que el segundo lo ve como una serie de palabras sueltas. Esta diferencia se marca desde el inicio del aprendizaje: el nativo aprende sonidos mientras que el no nativo aprende palabras. Uno es la liebre y el otro la tortuga, pero no lanzados en una carrera, sino en un concurso por mantener el interés de su interlocutor.

Una de las herramientas lingüísticas más recurrentes a la hora de unir palabras es la contracción. Es una manera buenísima de evitar que tus palabras suenen como los pasos de la tortuga, una... tras... otra. Pero, ¿de qué sirven las contracciones si, como hacéis tantos estudiantes de inglés, inmediatamente después de utilizar una os paráis para buscar la palabra siguiente? Desde luego, si vas a decir ***"I'll.......... go if you're....... willing"***, mejor sería decir ***"I will go if you are willing"***, porque llegarás a la meta antes.

En demasiadas ocasiones uno se centra en decir bien la contracción sin pensar por qué la usa. Las usamos para llegar cuanto antes a la palabra que le sigue, y así crear de varias palabras un único sonido.

Tienes que trabajar las diferentes contracciones con el fin de llegar a hacer un uso adecuado de las mismas. **Esforzándonos de forma conjunta, te convertiremos en una liebre del inglés.**

Lo que vas a ver en el nivel intermedio...

1

Estudiaremos el **presente perfecto**.

2

Trabajaremos las expresiones ***"to be on maternity leave"*** y ***"to be on sick leave"*** para indicar que **'estamos de baja'**.

3

Afinarás la pronunciación de las contracciones: ***"I've"***, ***"you've"***, ***"we've"*** o ***"they've"***

4

Machacaremos el *phrasal verb* ***"to give up"*** (**'dejar algo'** o **'dejar un hábito'**).

5

Nos centraremos en el vocabulario relacionado con **accesorios para la playa**.

6

Seguiremos trabajando el **presente perfecto**, y te enseñaremos la estructura ***"so far"*** (**'hasta ahora'**).

7

Practicaremos los verbos irregulares de esta semana: ***"to choose"***, ***"to drink"*** y ***"to lend"***.

8

Nuestro ejercicio semanal de **comprensión auditiva**.

9

Veremos como te desenvuelves con los **números** cuando los empleamos en diferentes contextos.

10

¡Daremos un buen **rePaso** a todos los contenidos vistos en este nivel!

PUNTO CLAVE...

Cuando hablamos de un periodo de tiempo que ha terminado, casi nunca se usa el presente perfecto en inglés. En ese caso se deberá emplear el pasado simple.

ERROR COMÚN...

En los ejemplos de este *Paso* hablamos de **'tomar café'**. No se te ocurra decir *"to take a coffee"*. ¡Muchos alumnos piensan que en inglés los cafés 'se pueden *take*' pero en realidad los cafés **'se *have*'**!

1

UNA CURIOSIDAD...

En Estados Unidos hay gente que emplea el pasado simple cuando otros americanos y angloparlantes emplearían el presente perfecto. Por ejemplo, algunos dirían ***"I already did my homework"*** en lugar de ***"I've already done my homework"*** (**'Ya he hecho los deberes'**).

¡Pon el CD!
Pista de audio
11

Gramática I

El presente perfecto

El **presente perfecto** es el tiempo verbal que empleamos cuando hablamos de un periodo de tiempo que aún no ha acabado. Periodos de tiempo no acabados incluyen **'hoy', 'esta mañana'** (si todavía es por la mañana), **'esta semana'**, **'este mes'** y **'este año'**, etc.

Para formarlo utilizamos el verbo *"to have"* como auxiliar, seguido del participio pasado del verbo principal:

	Sujeto	+	have / has	+			participio pasado
Afirmativo	I	+	have	+			eaten
	He	+	has	+			gone

	Sujeto	+	have / has	+	not	+	participio pasado
Negativo	I	+	have	+	not	+	eaten
	He	+	has	+	not	+	gone

Con respecto al **participio pasado**, decir que cuando se trata de un verbo regular se forma añadiendo *"ed"* al verbo básico, igual que el pasado simple. Para todos los demás verbos (los irregulares) no hay reglas: ¡por eso son irregulares! Hay que aprender cada uno de ellos de forma individual. Eso no quiere decir recitar la tabla de verbos como si fuese un rosario, estilo *"come, came, come"*. Como sabes bien, la única forma de coger soltura con los verbos es utilizándolos en frases reales miles y miles de veces.

Empecemos con unos ejemplos en el afirmativo. Ya sabes que en inglés la forma natural de expresarse es empleando contracciones, así que procura siempre decir: ***"I've"***, ***"You've"***, ***"He's"***, ***"She's"***, ***"We've"***, ***"They've"***, prestando mucha atención a tu pronunciación. Escucha atentamente al profesor en el audio para hacerte con ella.

He hecho muchas cosas hoy.	**I've done a lot of things today.**
(Ella) Se ha tomado tres cafés hoy.	**She's had three coffees today.**
Tom ha hablado con tres clientes esta mañana.	**Tom's spoken to three customers this morning.**

Si todavía es por la mañana, empleamos el presente perfecto cuando nos referimos a ***"this morning"***. Por el contrario, si fuera por la tarde, utilizaríamos el pasado simple para referirnos a **'esta mañana'**.

He roto dos vasos esta mañana.	**I've broken two glasses this morning.**

Como ya te hemos dicho, en el uso cotidiano del presente perfecto lo más común es usar contracciones: ***"I've"***, ***"you've"***, ***"he's"***, ***"she's"***, ***"Peter's"***, ***"we've"***, ***"you've"***, ***"they've"***. En el negativo, ***"have not"*** / ***"has not"*** normalmente se contraen como ***"haven't"*** y ***"hasn't"***, pero también se puede decir ***"I've not"***, ***"she's not"***, etc.

He cambiado de puesto dos veces este año.	**I've changed position twice this year.**
He ido al extranjero tres veces este año.	**I've been abroad three times this year.**

En muchas ocasiones suena más natural emplear el participio del verbo ***"to be"*** (***"been"***), en lugar del participio del verbo ***"to go"*** (***"gone"***). Sin embargo, cuando decimos **'se ha ido'**, empleamos ***"gone"***: ***"he's gone"***.

Vamos ahora a practicar la forma negativa, empleando como auxiliar ***"haven't"*** o ***"hasn't"*** (en el caso de que hablásemos de la tercera persona del singular).

No he leído el periódico esta semana.	**I haven't read the paper this week.**

¡Ojo! El participio del verbo ***"to read"*** (**/ríiddd/**), se pronuncia igual que el pasado simple y que el color ***"red"***: **/réddd/**.

No han venido esta mañana.	**They haven't come this morning.**

No he visto a Juan hoy.	**I haven't seen Juan today.**

Ni se te ocurra decir *"I don't have seen"*. Cuando el verbo ***"to have"*** significa **'haber'** se comporta como auxiliar, por lo que no se puede añadir otro verbo auxiliar (*"do"*) para formular el negativo. ***"I don't have..."*** **= 'No tengo...'** / ***"I haven't..."*** **= 'No he...'**.

No he escrito a mi padre esta semana.	**I haven't written to my father this week.**

Este verbo se les suele atragantar a los alumnos de inglés. Di con nosotros: ***"every day I write"***, ***"yesterday I wrote"***, ***"this week I've written"***.

(Él) no ha hecho mucho hoy.	**He hasn't done much today.**

No he parado esta mañana.	**I haven't stopped this morning.**

SABER ALGO MÁS...

Si *"maternity leave"* es **'baja por maternidad'** y *"sick leave"* es **'baja por enfermedad'**, *"to be on leave"* debería significar simplemente 'estar de baja', pero no es así. *"To be on leave"* significa **'estar de permiso'** en el servicio militar.

2

UNA CURIOSIDAD...

Si queremos **'darnos de baja de alguna suscripción'** no usaremos el término *"leave"* sino el verbo *"to unsubscribe"*.

EXPRESIÓN SINÓNIMA...

Además de decir ***"to be on sick leave"*** para expresar que alguien está enfermo, podemos usar la expresión *"to be off sick"*.

Expresión de la Semana

TO BE ON MATERNITY/ SICK LEAVE

/tu_bíi on matéenitii/ /síkkk líivvv/

estar de baja por maternidad/ por enfermedad

En muchos países de habla inglesa, al igual que en España, tenemos derecho a faltar al trabajo por razones ajenas a nosotros y no perder nuestro puesto, es decir **'coger una baja'**. Como sabes, después de dar a luz las mujeres tienen derecho a coger **'una baja por maternidad'** (*"a maternity leave"*), pero si nos ponemos enfermos tendremos que coger **'una baja por enfermedad'** (*"a sick leave"*). Cualquiera de los casos puede ir acompañado de los siguientes verbos:

- *"To be"*: Si usamos este verbo para hablar de una ***"maternity leave"*** o de una ***"sick leave"*** tenemos que emplear la preposición *"on"* obligatoriamente: *"to be on maternity leave"* (**'estar de baja por maternidad'**) y *"to be on sick leave"* (**'estar de baja por enfermedad'**).
- *"To take"*: Si empleamos este verbo, por el contrario, no usaremos ninguna preposición: *"to take maternity leave"* (**'tomar la baja por maternidad'**) y *"to take sick leave"* (**'tomar una baja por enfermedad'**).

Empezamos con unos ejemplos con la expresión *"to be on maternity leave"* o *"to take maternity leave"*. ¡Traduce las siguientes frases!

(Ella) No está. Está de baja por maternidad.	**She's not here. She's on maternity leave.**
Jane ha estado de baja por maternidad durante más de un mes.	**Jane's been on maternity leave for more than a month.**
No puedo concertar citas para los próximos meses. Estaré de baja por maternidad.	**I can't make appointments for the next few months. I'll be on maternity leave.**

Cuando **'concertamos una cita'** en inglés no usamos el verbo *"to do"*, sino el verbo *"to make"*: *"to make an appointment"*.

Estas nuevas reglas se pusieron en práctica mientras tú estabas de baja por maternidad.	**These new rules were put in practice while you were on maternity leave.**
Grace ha decidido no coger toda su baja de maternidad.	**Grace has decided not to take all of her maternity leave.**
Ella va a coger toda su baja por maternidad y después va a tomar unos días de vacaciones.	**She's taking all of her maternity leave and then she's going on holiday for a few days.**
Jackie no va a coger su baja por maternidad. En lugar de eso, su pareja va a coger baja por paternidad.	**Jackie's not taking maternity leave. Her partner is taking paternity leave instead.**

Es menos común, pero también existe **'la baja por paternidad'**: *"paternity leave"*.

Ahora te ponemos a prueba con nuestra segunda expresión: *"to be on sick leave"* o *"to take sick leave"*. ¡A traducir!

(Él) Se rompió el tobillo y cogió tres meses de baja por enfermedad.	**He broke his ankle and took three months of sick leave.**

En inglés, al igual que en castellano, aunque la **'baja'** en cuestión no sea por **'enfermedad'** (*"sickness"*) sino por **'lesión'** (*"injury"*), se sigue llamando *"sick leave"* (**'baja por enfermedad'**).

Me siento muy deprimido. Voy a coger una baja por enfermedad.	**I feel awfully depressed. I'm going on sick leave.**
Ella tuvo que coger una baja por enfermedad después de su accidente de esquí.	**She had to take sick leave after her skiing accident.**
¿Cuánto te pagan mientras estás de baja por enfermedad?	**How much do they pay you while you're on sick leave?**

¿Cómo se dice en inglés **'(Ella) Se ha tomado tres cafés hoy'**?

"She's had three coffees today"

Yo no cogería la baja por enfermedad si fuera tú.	**I wouldn't take sick leave if I were you.**
No he estado de baja por enfermedad desde principios de los años 90.	**I haven't been on sick leave since the early 90's.**
¡¿Qué quieres decir con que he estado siendo vago?! ¡He estado de baja por enfermedad!	**What do you mean I've been being lazy?! I've been on sick leave!**

RECUERDA QUE...

Empleamos el **presente perfecto** con periodos de tiempo no acabados como **'hoy'**, **'esta semana'**, **'este mes'**, **'este año'**, etc. Nunca lo usamos con periodos de tiempo acabados como 'ayer', 'la semana pasada', 'el mes pasado', 'el año pasado', etc.

"BET"

En este *Paso* aparece el término ***"bet"***, que significa **'apuesta'**. Pero esta palabra también se puede convertir en un verbo irregular, ***"to bet"***, que significa **'apostar'**. Se conjuga ***"Every day I bet"***, ***"yesterday I bet"*** y ***"recently, I've bet"***, es decir, igual en todos los tiempos verbales.

RECUERDA QUE...

Antes de esta entrega ya hemos trabajado diecisiete anteriores en las que te hemos ido enseñando tres verbos irregulares por semana. Es decir, a estas alturas tienes a tu disposición 51 verbos irregulares que ya has visto y te servirán para practicar el presente perfecto utilizando su participio.

¡Pon el CD!
Pista de audio
13

A una persona con una gran pronunciación se le atribuye generalmente un muy buen nivel de inglés. ¡No seas una de esas personas que sabe mucha gramática pero no se le entiende nada!

Pronunciación

Veamos cómo se pronuncia...

I'VE

/áib/

Dirección equivocada

/áivvv/

Camino correcto

Te lo hemos dicho antes, te lo decimos ahora y volveremos a decírtelo en el futuro: cuando hables inglés, siempre que puedas, intenta emplear las contracciones. Puesto que en el *Paso 1* de esta entrega hemos estado trabajando el presente perfecto, vamos a centrarnos ahora en la correcta pronunciación de las contracciones que se crean al combinar los distintos sujetos con el verbo auxiliar *"have"*.

Es importantísimo que cuando pronuncies *"I've"*, *"you've"*, *"we've"* o *"they've"*, pongas especial énfasis en el sonido de la **'v'**: /vvv/. Es un sonido vibrado que se parece un poco al de una **'f'**, pero es mucho más fuerte. Se produce colocando el labio inferior sobre los dientes superiores y dejando que el aire al pasar lo haga vibrar.

Recuerda que cuando conjugamos el presente perfecto con la tercera persona del singular el verbo auxiliar que se utiliza ya no es *"have"* sino *"has"*: *"he's"* y *"she's"*.

Empezamos practicando la contracción de *"have"* con las dos personas del singular que lo utilizan: *"I've..."* y *"you've..."*. ¡Acuérdate de exagerar el sonido de la **'v'** vibrada al final de la contracción! En los próximos ejemplos nos limitamos a usar verbos regulares, por lo que ya sabes que su participio se formará simplemente añadiendo la terminación *"-ed"* al verbo básico.

Te he añadido a la lista de invitados.	**I've added you to the guest list.**
Has limpiado tu piso dos veces este año.	**You've cleaned your apartment twice this year.**
Le he querido (a él) desde que éramos niños.	**I've loved him since we were children.**
¡Has horneado galletas!	**You've baked cookies!**

En inglés, cuando hablamos de hacer repostería al horno tenemos dos verbos para expresarlo: *"to bake"* (**'hornear'**) o *"to make"* (**'hacer'**). De esta forma podríamos haber dicho perfectamente *"You've made cookies!"*.

Te he pedido que vengas conmigo.	**I've asked you to come with me.**
¡Has cambiado mucho este año!	**You've changed a lot this year!**
He querido venir aquí desde hace mucho tiempo.	**I've wanted to come here for a long time.**

Aunque en castellano digamos **'desde hace mucho tiempo'**, en inglés no decimos *"since a long time"*. Literalmente expresamos **'durante mucho tiempo'**: *"for a long time"*.

Seguimos practicando la contracción de *"have"*, esta vez con las tres personas del plural: *"we've"*, *"you've"* y *"they've"*. Además, vamos a trabajar con el participio de algunos verbos irregulares que ya deberías conocer porque los hemos visto en entregas anteriores. ¡A por ello!

Le habéis visto (a él) tres veces hoy.	**You've seen him three times today.**
Hemos estado en Japón una vez este año.	**We've been to Japan once this year.**

Normalmente nosotros no hablamos de **'haber ido'** a distintos sitios, sino de **'haber estado'** en distintos sitios. Por eso, no solemos decir *"we've gone to Japan once this year"*, sino ***"we've been to Japan once this year".***

Han venido a cenar dos veces este mes.	**They've come to dinner twice this month.**
Habéis tomado tanto vino como yo.	**You've had as much wine as I have.**
Hemos vivido aquí tanto tiempo como tú.	**We've lived here as long as you have.**
Han perdido tantas apuestas como nosotros.	**They've lost as many bets as we have.**
Habéis ganado tanto dinero como él.	**You've won as much money as he has.**

Sólo podemos usar el verbo ***"to win"*** junto con el sustantivo ***"money"*** (**'dinero'**) cuando hablamos de **'ganar dinero'** en el sentido de **'ganar apuestas'** o **'ganar la lotería'**. Si nos referimos a **'ganarnos el sueldo'**, tendríamos que emplear el verbo ***"to earn"***: ***"to earn a salary"***.

SABER ALGO MÁS... (I)

Una expresión que tiene algo que ver con el *phrasal verb* ***"to give up"*** es *"to throw in the towel"*, que equivale a la expresión castellana: **'tirar la toalla'**.

4

SINÓNIMOS...

Existe otro verbo que podría funcionar como sinónimo de *"to give up"*. Se trata del verbo irregular *"to quit"*. En lugar de decir *"I gave up smoking"* podríamos expresar *"I quit smoking"*. Por cierto, este verbo nunca cambia: decimos *"eveyday I quit"*, *"yesterday I quit"* y *"lately I've quit"* .

SABER ALGO MÁS... (II)

Una expresión curiosa que contiene el *phrasal verb* protagonista de este *Paso* es *"to give up the ghost"* (*"ghost"* es **'fantasma'**). Puede significar **'morir'** o, con respecto a las máquinas, **'dejar de funcionar'**.

¡Pon el CD!
Pista de audio
14

Phrasal Verbs
¡Un paso más allá!

Hemos llegado a nuestro rincón favorito, el de los temidos *phrasal verbs*. Si te centras cada semana en un solo verbo compuesto, seguramente poco a poco empiecen a formar parte de tu vocabulario activo.

"to give up"

Nuestro *phrasal verb* de hoy es uno que todo ex fumador (en funciones o aspirante) debe aprender. *"To give up"* significa **'dejar algo'** o **'dejar de hacer algo'** en referencia a un hábito o una actividad.

Cuando va seguido de otro verbo, éste siempre se expresa en gerundio (acabado en *"-ing"*). Por ejemplo, si quisieras expresar que estás **'dejando de fumar'**, diríamos *"I'm giving up smoking"*.

Así que...*"don't give up practicing your English!"* (**'no dejes de practicar tu inglés'**) y vayamos con una serie de traducciones en las que emplearemos el *phrasal verb* *"to give up"* en presente, pasado simple y presente perfecto.

Presente	Pasado	Presente continuo
I give up...	I gave up...	I've given up...

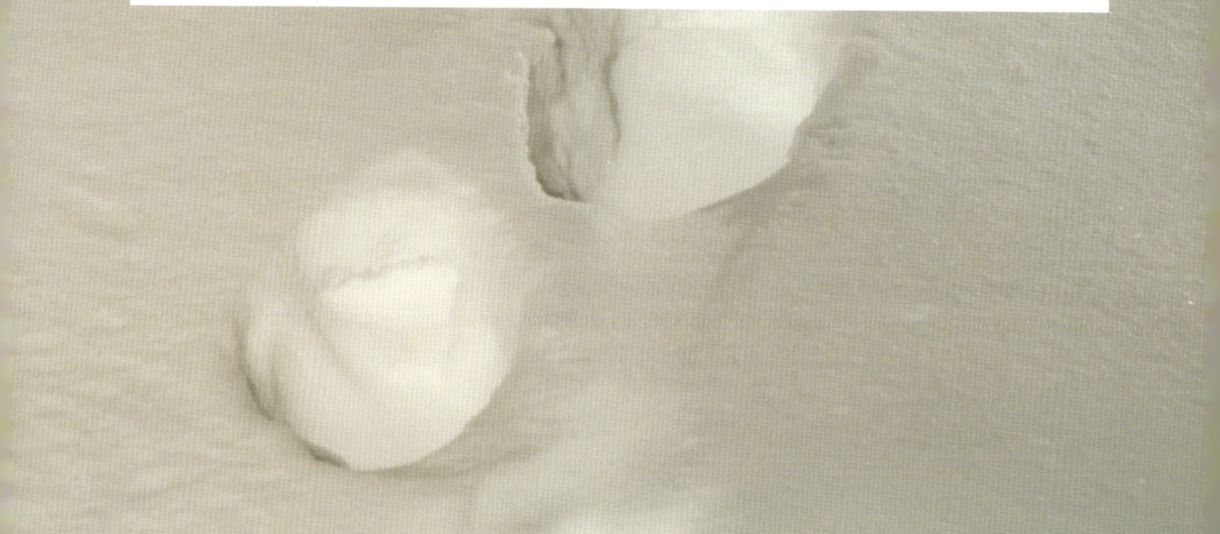

Vamos con unos primeros ejemplos en presente. Antes de empezar, recuerda que cuando ***"give up"*** va seguido de otro verbo, éste deberá ir en gerundio (acabado en ***"-ing"***).

Estoy intentando dejar de fumar en este momento.	**I'm trying to give up smoking at the moment.**

¡Decir *"in this moment"* queda estrictamente prohibido! Cuando queremos expresar **'en este momento'** la forma correcta es ***"at the moment"***.

¿Cuál es la mejor forma de dejar de fumar?	**What's the best way to give up smoking?**

Es muy recomendable concebir este verbo como un único sonido **/givvváappp/**. Además, si lo aprendes de este modo, te saldrá de forma automática y no necesitarás pensar qué preposición tienes que utilizar.

¡Simplemente no lo puedo dejar!	**I just can't give it up!**

¡Estoy seguro de que puedes dejarlo si lo intentas!	**I'm sure you can give it up if you try!**

Como has visto en los dos ejemplos anteriores estamos ante un *phrasal verb* separable, es decir, podemos colocar un sustantivo o un pronombre entre ***"give"*** y ***"up"***, en este caso el pronombre ***"it"*** (**'ello'**).

¡Ni se te ocurra dejar el inglés!	**Don't even think about giving up English!**

¡No lo dejes! ¡Vayamos a la página siguiente!	**Don't give up! Let's go to the next page!**

Es hora de trabajar el pasado simple (*"gave up"*) y el presente perfecto (*"have given up"*). ¡Ponte a prueba! Tapa la columna de la derecha y traduce las siguientes frases en voz alta.

Mi mujer dejó de fumar hace diez años.	**My wife gave up smoking ten years ago.**
Dejé de beber café porque no podía dormir por la noche.	**I gave up drinking coffee because I couldn't sleep at night.**
He dejado de ir al gimnasio.	**I've given up going to the gym.**

Queremos asegurarnos que estás pronunciando *"gym"* correctamente. Los nativos lo hacemos como si comenzara con el sonido de una **'ll'**, decimos /llímmm/.

Dejé el inglés cuando terminé el colegio.	**I gave up English when I left school.**
¡Lo he dejado cinco veces!	**I've given up five times!**
Nunca he dejado de fumar.	**I've never given up smoking.**
El boxeador se dio por vencido en el tercer round.	**The boxer gave up in the third round.**

Además de traducirlo como **'dejar algo'** o **'dejar un hábito'**, *"to give up"* también puede significar **'darse por vencido'**.

SINÓNIMOS...

Además de *"sunscreen"*, también utilizamos el término *"sunblock"* para referirnos al **'protector solar'**.

SABÍAS QUE...

La palabra *"sombrero"* también existe en inglés, pero se refiere sólo a un **'sombrero estilo mejicano'** elaborado con paja.

5

SABER ALGO MÁS...

Relacionada con los términos que te presentamos en este *Paso* está la palabra *"aftersun"*. Es común escuchar a mucha gente pronunciarla mal. Muchos estudiantes de inglés dicen /aftersun/ sin respetar la correcta pronunciación de *"sun"* (**'sol'**). Recuerda, después de ir a la playa nos ponemos /áaaftasaan/.

¡Pon el CD!
Pista de audio
15

Tener un vocabulario amplio te va a ayudar a sentirte cómodo cuando tengas que expresarte en inglés. Te presentamos ahora ocho palabras imprescindibles. ¡Trabájalas hasta tener un total dominio de ellas!

Vocabulario

Accesorios para la playa

chanclas	**flip-flops**	**/flip-flóps/**
protector solar	**sunscreen**	**/sáanscríin/**
sombrilla	**beach umbrella**	**/bíiich-aambréla/**
sombrero	**hat**	**/hhhat/**
gafas de sol	**sunglasses**	**/sáanglasis/**
toalla	**towel**	**/tául/**
bañador	**bathing suit**	**/beizing-súut/**
flotador	**rubber ring**	**/ráaba-ring/**

En este *Paso* nos ponemos playeros y te vamos a presentar una serie de objetos esenciales para ir a la playa.

Una palabra curiosa de nuestra lengua es el término que empleamos para **'chanclas'**: ***"flip-flops"***. Se trata de la onomatopeya que imita el sonido que se produce al caminar con las chanclas.

Por otra parte, fíjate que muchas de las palabras que vemos en este *Paso* son compuestas. Tal es el caso de ***"sunscreen"*** (**'protector solar'**), que puede traducirse literalmente como 'pantalla contra el sol', o ***"rubber ring"*** (**'flotador'**), donde la palabra ***"rubber"*** hace referencia al material del que están hechos, es decir, la **'goma'**, y ***"ring"*** (**'anillo'**), hace alusión a su forma circular.

¿Te has cansado ya del presente perfecto? Esperamos que no, porque lo vamos a seguir trabajando un poco más. ¡Ojo con la pronunciación de los nuevos términos que te hemos presentado! Para llegar a sonar como un auténtico nativo sírvete del audio y de la transcripción fonética que te dábamos en la página anterior.

Me he comprado un nuevo par de chanclas.	**I've bought a new pair of flip flops.**

Tal y como sucede con los **'zapatos'** o los **'pantalones'**, cuando hablamos de **'chanclas'** también utilizamos la estructura *"a pair of"* (**'un par de'**).

¡Se me ha olvidado el protector solar!	**I've forgotten the sunscreen!**
Ella ha visto una sombrilla naranja.	**She's seen an orange beach umbrella.**
¡Yo no he roto tus gafas de sol!	**I haven't broken your sunglasses!**
Hace sol pero no he traído mi sombrero.	**It's sunny but I haven't brought my hat.**
Tu hijo ha preguntado por su flotador.	**Your son's asked for his rubber ring.**

Te hemos presentado el sustantivo *"rubber ring"* (**'flotador'**), y aprovechamos para decirte que el verbo **'flotar'** es *"to float"*.

Creo que he perdido la toalla.	**I think I've lost my towel.**

En entregas anteriores hemos trabajado cómo hacer preguntas con *"whose"* para averiguar a quién pertenecen las cosas. En las siguientes frases repasaremos este ejercicio. (Si quisieras volver a echarle un vistazo, te recordamos que vimos el uso de *"whose"* en los libros **14** y **17**).

¿De quién son estas gafas de sol?	**Whose sunglasses are these?**
No sé de quién es la toalla que estoy usando.	**I don't know whose towel I'm using.**
¿De quién es ese bañador?	**Whose bathing suit is that?**

Ya que estamos utilizando la palabra *"bath"* (**'baño'**), te indicamos que en inglés existe un verbo específico para expresar **'tomar el sol'**: *"to sunbathe"*.

No sé de quién es este protector solar, pero lo estoy usando.	**I don't know whose sunscreen this is, but I'm using it.**
¿De quién es esta sombrilla?	**Whose beach umbrella is this?**
¡Yo sé de quién son estas chanclas!	**I know whose flip flops these are!**
¡Niños! ¿De quién es este flotador?	**Children! Whose rubber ring is this?**

Escucha en el audio cómo pronuncia el profesor *"rubber ring"*. Los nativos unimos las dos palabras creando un único sonido: **/ráabaring/**.

PRONUNCIACIÓN...

No confundas la pronunciación de *"sofa"* (**'sofá'**) que se dice /sssoufee/ o /sssoufa/, con la de *"so far"* (**'hasta el momento'** o **'en lo que va de...'**) que se pronuncia /sssoufaaa/. ¡Son muy parecidos!

ERROR COMÚN...

Entre los ejemplos que te presentamos en este *Paso* encontrarás la expresión **'un millón de euros'**. Recuerda que en inglés se dice *"a million euros"* sin la preposición *"of"*.

6

SABER ALGO MÁS...

Ten en cuenta que *"clothes"* (**'ropa'**) se pronuncia /klóuzs/, *"cloth"* (**'trapo'**) se pronuncia /klóz/ y *"cloths"* (**'trapos'**) se pronuncia /klózsss/. Por otra parte, si quieres referirte a **'una prenda'** se dice *"an item of clothing"* y no *"a cloth"*.

¡Pon el CD!
Pista de audio
16

Gramática II

Presente perfecto y so far

"So far" es una expresión que significa **'hasta ahora'** o, dependiendo del contexto, **'en lo que va de día, semana..., etc.'** (*"so far today, so far this week..., etc."*). Es una expresión curiosa porque en algunas circunstancias también puede significar **'tan lejos'**.

Siempre que se usa *"so far"*, has de emplear el presente perfecto.

En lo que va de día.	**So far today.**
En lo que va de mañana.	**So far this morning.**
En lo que va de semana.	**So far this week.**
En lo que va de mes.	**So far this month.**
En lo que va de año.	**So far this year.**
En lo que va de década.	**So far this decade.**
En lo que va de siglo.	**So far this century.**

La expresión *"so far"* se puede colocar al principio o al final de una oración. Además, recuerda que siempre va acompañada de un verbo en presente perfecto. Vamos a ponerla en práctica, ¡primero con unas frases afirmativas!

He tenido tres reuniones en lo que va de día.	**So far today, I've had three meetings.**
En lo que va de día, he comido tres galletas.	**So far today, I've eaten three biscuits.**

Recuerda que ***"biscuit"*** se pronuncia **/bíssskittt/**, ¡y no como se escribe!

A estas alturas de la semana he asistido a ocho reuniones.	**So far this week, I've attended eight meetings.**

¡Ojo! El verbo ***"to assist"*** es un *false friend* cuyo significado es **'ayudar'**. El verbo correcto para **'asistir'** es ***"to attend"***. Sin embargo, si se trata de **'atender a alguien'** decimos ***"to attend to somebody"***.

En lo que va de año, he gastado demasiado dinero en ropa.	**So far this year, I've spent too much money on clothes.**

En inglés, cuando gastamos dinero en algo, usamos ***"on"***. Sin embargo, usamos ***"in"*** cuando nos referimos a la tienda donde hacemos nuestras compras.

Hemos visto tres películas en lo que va de semana.	**We've seen three films so far this week.**
En lo que va de año, Keith ha gastado más de un millón de euros en el jardín que hay detrás de su mansión.	**Keith has spent more than a million euros on the garden behind his mansion so far this year.**

Vamos a seguir trabajando la estructura *"so far"* y el presente perfecto, pero esta vez en oraciones negativas. ¡Traduce las siguientes frases en voz alta!

En lo que va de mañana, no he tomado café.	**So far this morning, I haven't had any coffee.**

En lo que va de mes, no he comido chocolate.	**So far this month, I haven't eaten any chocolate.**

La palabra *"chocolate"* se pronuncia con dos y no con tres sílabas: /chók_lettt/.

(Ella) No ha tomado vino en lo que va de mes.	**She hasn't had any wine so far this month.**

Él no ha vendido ningún coche en lo que va de semana.	**He hasn't sold any cars so far this week.**

Puesto que ésta es una frase negativa, utilizamos la partícula *"any"* y no *"none"*, ya que *"hasn't"* ya contiene la negación.

No me han dado dinero en lo que va de día.	**They haven't given me any money so far today.**

¿Cómo se dice **'ingeniería'** en inglés?

"Engineering" (impreso invertido)

En lo que va de mañana, no hemos hablado con nadie.	**So far this morning, we haven't spoken to anyone.**

7

UNA CURIOSIDAD...

En este *Paso* aprenderás que el **pasado simple** y **participio** del verbo *"to lend"* (**'prestar'**) es *"lent"*. Curiosamente, en inglés empleamos esta misma palabra para referirnos a la **'Cuaresma'** (*"Lent"*), el periodo de 40 días que precede a la Semana Santa.

OTROS SIGNIFICADOS...

El adjetivo *"potable"* apenas se usa en inglés. Para expresar la idea de **'agua potable'**, recurrimos a *"drinking water"*.

SABER ALGO MÁS...

El participio *"chosen"* (**'elegido'**), se utiliza cuando queremos hablar de una persona especial: *"the chosen one"* (**'el elegido'**).

¿Cómo se llega a dominar los verbos irregulares? Por supuesto que no debes limitarte a aprender la tabla de verbos de memoria. ¡Practícalos hasta la saciedad con los ejemplos que te damos en este *Paso* para adquirir la agilidad que necesitas!

Verbos Irregulares

"to choose" "to drink" "to lend"

elegir / escoger	choose /chúus/	chose /chóus/	chosen /chóusennn/
beber	drink /drink/	drank /drank/	drunk /dráank/
prestar	lend /lenddd/	lent /lenttt/	lent /lenttt/

El primero de los verbos que te presentamos en esta entrega es *"to choose"*, que significa **'escoger'** o **'elegir'** y, al igual que en castellano, se utiliza cuando hablamos de una elección entre dos o más cosas. Por este motivo, este verbo a menudo va seguido de la preposición *"beween"* (**'entre'**): *"to choose between you and me"* (**'elegir entre tú y yo'**).

También veremos el verbo *"to drink"* (**'beber'**). Una de sus particularidades es que su forma de participio *"drunk"* (**'bebido'**), es la misma que la del adjetivo **'borracho'**. Decimos, por ejemplo, *"He's completely drunk!"* (**'¡Él está completamente borracho!'**).

Por último veremos el verbo **'prestar'**, que en inglés es *"to lend"*. No confundas este verbo con el verbo *"to borrow"*, que significa **'pedir prestado'**.

¡Ya sabes de que va esto! Queremos que cojas agilidad con los verbos que te hemos presentado, y para ello vamos a empezar con la traducción de unas frases muy sencillas. La novedad es que introducimos el adverbio *"lately"* (**'últimamente'**) para seguir practicando el presente perfecto.

Todos los días prestan...	**Every day they lend...**
Ayer elegí...	**Yesterday I chose...**
Últimamente él ha bebido...	**Lately he's drunk...**

Fíjate que tanto el pasado *"drank"* /drank/ como el participio *"drunk"* /dráank/ se pronuncian con el sonido vocálico de una **'a'**. La diferencia entre ambas palabras es que al pronunciar *"drunk"* has de abrir bien la mandíbula, pretendiendo que ésta toque casi con el pecho. De esta forma conseguirás que el sonido de la **'a'** que buscamos.

Últimamente han prestado...	**Lately they've lent...**
Ayer bebimos...	**Yesterday we drank...**
Todos los días él bebe...	**Every day he drinks...**
Últimamente has elegido...	**Lately you've chosen...**

MINI TEST

Para seguir afianzando el uso del presente perfecto, ¡te ponemos a prueba! Dinos cual de las siguientes frases significa **'He hecho muchas cosas hoy'.**

a) I've done a lot of things today.

b) I did a lot of things today.

c) I done a lot of things this morning.

Respuesta: a)

Practiquemos ahora con la expresión *"this morning"* (**'esta mañana'**). La podemos emplear tanto en pasado simple como en presente perfecto. Utilizar un tiempo verbal u otro dependerá de la hora en la que estamos hablando. Es decir, si estamos hablando por la mañana, *"this morning"* se refiere a un periodo de tiempo que aún no ha concluido, por lo que utilizaremos el presente perfecto. En cambio, si estamos hablando por la tarde, *"this morning"* se convierte en un periodo cerrado del pasado, y por eso emplearíamos el pasado simple.

Esta mañana he bebido tres cafés. (*Es por la mañana*)	**This morning I've drunk three coffees.**
Esta mañana Lucy bebió cinco cafés. (*Ya es por la tarde*)	**This morning Lucy drank five coffees.**

En el Reino Unido la mañana termina a las 12. Por lo tanto, cuando decimos *"midday"* (**'mediodía'**) queremos decir que son las 12.

Esta mañana han elegido al ganador. (*Es por la mañana*)	**This morning they've chosen the winner.**
¿Elegisteis el color esta mañana? (*Ya es por la tarde*)	**Did you choose the colour this morning?**
Jim me prestó su bolígrafo esta mañana. (*Ya es por la tarde*)	**Jim lent me his pen this morning.**
¿Cuánto has bebido esta mañana? (*Es por la mañana*).	**How much have you drunk this morning?**
¿Cuánto bebiste esta mañana? (*Ya es por la tarde*)	**How much did you drink this morning?**

En el último ejemplo hemos preguntado **'cuánta bebida** (término incontable) **bebiste'**, por lo que hemos utilizado *"how much..."*. Si por el contrario hubiésemos preguntado por litros de cerveza (término contable), hubiésemos dicho, *"How many litres of beer did you drink?"*.

SABER ALGO MÁS...

Cuando usamos el verbo *"to save"* (**'salvar'**/**'ahorrar'**), normalmente se sobre entiende que hablamos del sustantivo ***"money"***. Por eso, en vez de decir *"to save some money"* (**'ahorrar algo de dinero'**), podríamos decir *"save a little"* (**'ahorrar un poco'**) y el significado sería el mismo.

8

"BILL"

En inglés americano, el sustantivo *"bill"* tiene más de un significado: puede significar **'billete (de dinero)'**, **'cuenta (en un restaurante)'**, **'recibo (del teléfono, de la luz, del gas, etc.)** e incluso puede ser **'una ley que se aprueba en el parlamento'**: *"a bill"*.

PRONUNCIACIÓN...

La pronunciación correcta de el verbo *"to install"* no contiene ni rastro del sonido de una 'a'. Decimos **/instóol/**.

¡Pon el CD!
Pista de audio
18

Comprensión Auditiva

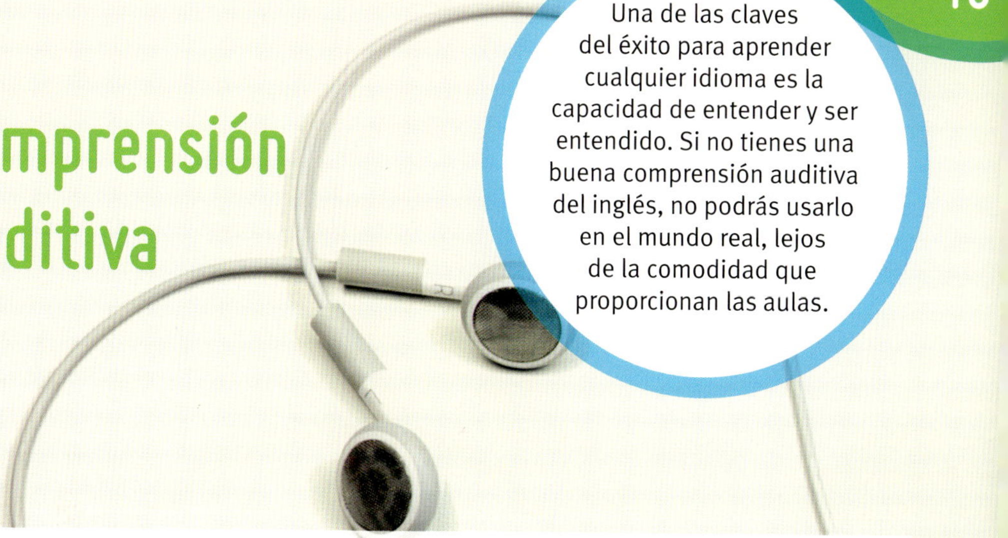

Una de las claves del éxito para aprender cualquier idioma es la capacidad de entender y ser entendido. Si no tienes una buena comprensión auditiva del inglés, no podrás usarlo en el mundo real, lejos de la comodidad que proporcionan las aulas.

En este *Paso* te pondremos a prueba cada semana con la locución de un texto en inglés cotidiano. Primero, pon el audio y mientras lo escuchas, intenta contestar a las cinco preguntas de esta página. Después, en la página siguiente, lee dicho texto en inglés y las anotaciones que te ofrecemos. Si es necesario, vuelve a escuchar el audio y contesta cualquier pregunta que no hayas sabido responder antes. Para terminar, en la página **85** puedes encontrar la traducción del párrafo al castellano y las respuestas a las preguntas de abajo. ¡Compruébalas!

1. **Has Marta had a lot of things done to her house lately?**

2. **What did she have done to her house?**

3. **Why did she have the ceiling lowered?**

4. **Has she had a new carpet put in or a new bathtub put in?**

5. **What has she had installed, new plumbing or new electric cables?**

Marta:

I've had a lot of things done to my house lately. I've had the whole interior painted and I've had the ceiling lowered so that I can save some money on the heating bill. I've had a new carpet put in, and I've had new plumbing installed.

I've had a lot of things done

Cuando **'encargamos a alguien que nos haga algo'**, empleamos esta estructura que vemos repetida al menos cinco veces en este párrafo. Decimos *"to have something"* **+ el participio** apropiado, en este caso: ***"done"***, ***"painted"***, ***"lowered"***, ***"put in"*** o ***"installed"***. Quizá dos de los ejemplos más comunes con esta estructura son *"to have your car serviced"* (**'encargar a alguien que te haga la revisión del coche'**) y *"to have your hair cut"* (**'encargar que te corten el pelo'**).

lowered

Este es el participio del verbo *"lower"* que significa **'bajar'.** Hay bastantes verbos de este tipo que describen cambios de posición, condición o tamaño, y que provienen de un adjetivo. En la mayoría de los casos, para formular el verbo, simplemente añadimos la terminación **"-en"** al adjetivo. Por ejemplo, del adjetivo *"wide"* viene el verbo *"to widen"* (**'ancho'**/**'ensanchar'**), y del adjetivo *"short"* viene el verbo *"to shorten"* (**'corto'**/**'acortar'**).

carpet

Recuerda que *"carpet"* es un conocido *false friend*. No significa **'carpeta'** (*"folder"*) sino **'moqueta'**.

plumbing

No olvides que la **'b'** de *"plumbing"* y *"plumber"* es completamente muda. Se dicen **/pláaming/** y **/pláama/**, respectivamente.

Marta:

He encargado muchas cosas para mi casa últimamente. He encargado que pinten todo el interior. He encargado que bajen el techo para que pueda ahorrar dinero en la factura de la calefacción. He encargado que pongan una nueva moqueta y he encargado que instalen fontanería nueva.

1. **Has Marta had a lot of things done to her house lately?**
   Yes, she's had a lot of things done to her house lately.
2. **What did she have done to her house?**
   She had the interior painted and the ceiling lowered.
3. **Why did she have the ceiling lowered?**
   She had the ceiling lowered to save some money on the heating bill.
4. **Has she had a new carpet put in or a new bathtub put in?**
   She's had a new carpet put in.
5. **What has she had installed, new plumbing or new electric cables?**
   She's had new plumbing installed.

Si no supiste contestar alguna de las preguntas, vuelve a poner el audio e inténtalo de nuevo. Estamos seguros de que ahora te será mucho más fácil contestar.

PRONUNCIACIÓN (I)

La palabra *"raw"*, que encontrarás entre los ejemplos de este *Paso* y que significa **'crudo'**, se pronuncia /róo/, y no /raw/ ni /rau/.

PRONUNCIACIÓN (II)

El adjetivo *"personal"* se pronuncia **/péesssonol/**, mientras que el sustantivo *"personnel"*, que significa **'el personal'** (hablando de empleados) se pronuncia **/peesssonél/**, haciendo el énfasis en la última sílaba.

9

SABER ALGO MÁS...

En este *Paso* aparece el término *"ambassador"*, que significa **'embajador'**, pero, ¿cómo denominamos su lugar de trabajo? Lo llamamos *"an embassy"* (**/émmmbasssii/**).

¡Pon el CD!
Pista de audio
19

Números... ¡A paso ligero!

Los números en contexto

Para que los números nunca te pillen desprevenido, es muy importante ser capaz de identificarlos dentro de frases cotidianas (¡son demasiadas las veces en que nosotros mismos nos hemos quedado pasmados al entrar en un supermercado en el que se hablaba castellano y no entender la suma total que nos pedía pagar la cajera!).

Por este motivo, en el Paso que nos ocupa seguiremos con nuestra aventura de practicar los números en contextos reales, poniendo a prueba tu comprensión auditiva y tu comprensión escrita. Pretendemos ayudarte a ganar confianza para hablar de cantidades en inglés, al mismo tiempo que enseñarte algunos términos nuevos.

La mejor forma de trabajar este ejercicio es escuchando el audio y tratando de responder con la misma agilidad con la que lo hace nuestra alumna. No obstante, si en estos momentos no te es posible escuchar el audio, tapa la columna a la derecha, lee las frases de la izquierda en voz alta y escribe la correspondiente cifra en un papel.

The last time I counted, there were one hundred and one puppies.	**How many puppies were there?** 101

"Puppy" significa **'cachorro'**.

Irene has a collection of over three thousand porcelain dolls.	**How many porcelain dolls does Irene have?** Más de 3.000

Se puede pronunciar la palabra *"porcelain"* (**'porcelana'**) de dos maneras: /póossseleinnn/ o /póossselinnn/.

My house is around twenty-five kilometres from the nearest village.	**How far is the nearest village?** A unos 25 km.

"A village" (/vvvílich/) es **'un aldea'**.

Enrique loves to read. He read eighteen books last summer.	**How many books did Enrique read last summer?** 18
Did you know that Ludwig van Beethoven composed thirty-two piano sonatas?	**How many piano sonatas did Beethoven compose?** 32
Peter's brother's new car cost him three thousand five hundred euros.	**How much was Peter's brother's new car?** 3.500 euros

Sigamos practicando los números en diferentes contextos, ahora con una serie de traducciones. Es probable que no consigas hacerlas todas a la primera. ¡No importa!, pero repite el ejercicio hasta que no cometas ningún fallo.

Nuestro bar hizo doscientas dieciséis tortillas españolas el mes pasado.	**Our local bar made two hundred and sixteen Spanish omelettes last month.**

Se pueden abreviar los términos *"local bar"* o *"local pub"* y decir simplemente *"local"*. Por ejemplo, *"my local"* es el bar o el pub al que suelo ir.

El embajador organizó una cena para doscientos setenta y ocho invitados.	**The ambassador held a dinner for two hundred and seventy eight guests.**

Tracey me estaba contando una historia de cómo su abuelo una vez se comió cuarenta y cinco huevos crudos por una apuesta.	**Tracey was telling me this story of how her grandfather once ate forty five raw eggs for a bet.**

"A bet" significa **'una apuesta'** y *"to bet"* significa **'apostar'**.

Al final Maurice se casó con setenta y ocho años.	**Maurice eventually got married at the age of seventy-eight.**

Hay unos quinientos empleados de seguridad en el edificio.	**There are about five hundred security personnel in the building.**

¿Cómo se dice **'Hemos visto tres películas en lo que va de semana'**?

"We've seen three films so far this week."

En los países de habla inglesa los gatos tienen nueve vidas.	**In English-speaking countries cats have nine lives.**

ESFUÉRZATE EN..

Hacer uso de las contracciones cuando utilices el presente perfecto porque, aunque no sean imprescindibles para que tu inglés suene correcto, los nativos las empleamos 99% del tiempo. Es decir, no digas ***"I have seen him"*** , sino *"I've seen him"*.

10

NO OLVIDES QUE...

Siempre tienes que emplear el participio cuando utilices el presente perfecto. ¡No basta con saber la regla! Hay que ponerla en práctica y saber conjugar a la perfección tanto verbos regulares como irregulares.

RECUERDA QUE...

Siempre que el *phrasal verb* *"to give up"* (**'dejar algo'** o **'dejar un hábito**) va seguido de otro verbo, éste se expresa en gerundio.

¡Pon el CD!
Pista de audio
20

¡El rePaso!

¡Ha llegado la hora del test final! El repaso es la clave del éxito y nunca lo podemos olvidar. ¿Has logrado hacerte con todas las palabras, estructuras y sonidos de esta entrega? No sólo se trata de entenderlas, sino también de reproducirlas con confianza y soltura.

Tom ha hablado con tres clientes esta mañana.	**Tom's spoken to three customers this morning.**
He ido al extranjero tres veces este año.	**I've been abroad three times this year.**
No he escrito a mi padre esta semana.	**I haven't written to my father this week.**
Jane ha estado de baja por maternidad durante más de un mes.	**Jane's been on maternity leave for more than a month.**
Ella tuvo que coger una baja por enfermedad después de su accidente de esquí.	**She had to take sick leave after her skiing accident.**
No he estado de baja por enfermedad desde principios de los años 90.	**I haven't been on sick leave since the early 90's.**
Le he querido (a él) desde que éramos niños.	**I've loved him since we were children.**

¡Has horneado galletas!	**You've baked cookies!**
Hemos estado en Japón una vez este año.	**We've been to Japan once this year.**

Normalmente nosotros no hablamos de **'haber ido'** a distintos sitios, sino de **'haber estado'** en distintos sitios. Por eso, solemos decir *"we've gone to Japan once this year"*, sino ***"we've been to Japan once this year"***.

¿Cuál es la mejor forma de dejar de fumar?	**What's the best way to give up smoking?**
Dejé de beber café porque no podía dormir por la noche.	**I gave up drinking coffee because I couldn't sleep at night.**
He dejado de ir al gimnasio.	**I've given up going to the gym.**
Me he comprado un nuevo par de chanclas.	**I've bought a new pair of flip flops.**

Tal y como sucede con los **'zapatos'** o los **'pantalones'**, cuando hablamos de **'chanclas'** también utilizamos la estructura ***"a pair of"*** (**'un par de'**).

Ella ha visto una sombrilla naranja.	**She's seen an orange beach umbrella.**
¿De quién es ese bañador?	**Whose bathing suit is that?**
En lo que va de día, he comido tres galletas.	**So far today, I've eaten three biscuits.**

(Ella) No ha tomado vino en lo que va de mes.	**She hasn't had any wine so far this month.**
Últimamente has elegido...	**Lately you've chosen...**
Jim me prestó su bolígrafo esta mañana. (*Ya es por la tarde*)	**Jim lent me his pen this morning.**
¿Cuánto has bebido esta mañana? (*Es por la mañana*).	**How much have you drunk this morning?**
Se han hecho muchas obras en mi casa últimamente.	**I've had a lot of things done to my house lately.**
Me han puesto una nueva moqueta y me han instalado fontanería nueva.	**I've had a new carpet put in, and I've had new plumbing installed.**
El embajador organizó una cena para doscientos setenta y ocho invitados.	**The ambassador held a dinner for two hundred and seventy eight guests.**
Al final Maurice se casó con setenta y ocho años.	**Maurice eventually got married at the age of seventy-eight.**

¡No te engañes! Si no dedicas un mínimo de **20 minutos al día** para repasar y afianzar los conocimientos que te acabamos de enseñar, habrás perdido tu tiempo. El éxito para aprender un idioma depende sólo de una cosa: del esfuerzo continuo del alumno.

nivel

avanzado

¡Quiero que me odies!

Hace un par de días, un gran compañero mío, Juan, me dijo que estaba hasta el gorro de mí. Me sorprendió su comentario así que decidí callarme y escuchar su explicación. "Estoy de ti hasta aquí, porque mi mujer está siguiendo el curso y todos los días, pero todos los días, tengo que tragarme 45 minutos de camino al trabajo contigo metido en mi coche, y todo eso a las 7:30 de la mañana. ¡No puedo más!".

La exasperación de Juan me cayó como agua del cielo. ¡Qué alegría me dio! Porque eso es precisamente lo que tiene que hacer cualquier persona que invierte en este curso: escuchar el CD todos los días de camino al trabajo hasta el punto de cogerme manía. Cuanta más manía me cojas, más contento estaré y mejor será tu comprensión auditiva que, al fin y al cabo, es la clave para comunicarse eficazmente en cualquier idioma.

¡Quiero que llegues a odiarme!

Lo que vas a ver en el nivel avanzado...

1

Trabajaremos la estructura ***"used to"*** en afirmativo y negativo.

2

Veremos la expresión ***"to be worth"*** cuando va acompañada por un sustantivo.

3

Perfeccionarás la pronunciación de la palabra ***"building"***.

4

Aprenderás el *phrasal verb* ***"to boil down to"***.

5

Estudiaremos vocabulario relacionado con algunas de las **partes de un coche**.

6

Seguiremos practicando con la estructura ***"used to"***, esta vez formulando preguntas.

7

Machacaremos los verbos irregulares: ***"to begin"***, ***"to beat"*** y ***"to become"***.

8

Nos dedicaremos a tu oído con nuestro ejercicio de **comprensión auditiva**.

9

Trabajaremos los números y las distintas formas que tenemos en inglés para referirnos al **cero**.

10

Un **rePaso** de todo el nivel avanzado.

RECORDATORIO...

En este *Paso* aparece la expresión **'tomar un café'**. Aunque se puede traducir perfectamente como ***"to drink a coffee"***, tal como viene en el ejemplo, es mucho más común decir ***"to have a coffee"***. Lo importante es que nunca la traduzcas como *"to take a coffee"*.

RECORDATORIO...

Cuando decimos ***"old"***, en muchas ocasiones nos referimos a **'antiguo'** o **'ex'**, y no a **'viejo'**. Por ejemplo, en una de las frases hablaremos de ***"my old neighbours"*** (**'antiguos vecinos'**). Normalmente el contexto nos aclara si se trata de **'antiguos vecinos'** o unos **'vecinos de edad avanzada'**.

1

SABER ALGO MÁS...

Tanto la expresión ***"as a child"*** como ***"when I was a child"*** son formas correctas de expresar **'cuando era niño'**.

¡Pon el CD!
Pista de audio
21

Gramática I

Used to

En inglés, la forma más natural de decir **'Yo solía hacer algo'** es ***"I used to do something"***. La estructura ***"used to"*** nunca varía, independientemente del sujeto que utilicemos, y siempre se compone de ***"used to"*** más un verbo. Igual que en castellano, utilizamos esta expresión cuando hablamos de cosas que hacíamos con frecuencia en el pasado y que ya no hacemos.

También empleamos esta fórmula cuando en español decimos **'Antes hacía...'**. De hecho, la traducción literal *"Before I did..."* es un error.

El uso del verbo ***"to use"*** en este contexto es curioso, ya que sólo se emplea de esta manera en pasado. Para expresar el verbo **'soler'** en presente tenemos que recurrir al adverbio ***"usually"***.

	Sujeto	+	used to	+	verbo
Afirmativo	**I**	**+**	**used to**	**+**	**to go to Paris.**
	Yo		**solía**		**ir a París.**
Negativo	**I**	**+**	**didn't use**	**+**	**to go to Paris.**
	Yo		**no solía**		**ir a París.**

Para formar frases en negativo con ***"used to"***, únicamente tendremos que hacer uso del auxiliar ***"didn't"***. Si queremos decir **'Yo no solía ir a París'** traduciremos ***"I didn't use to go to Paris"***.

Comenzamos con unas frases en las que hablamos de actividades que alguien solía hacer en el pasado. Recuerda que indistintamente del sujeto que empleemos, siempre decimos ***"used to"***: ***"I used to"***, ***"she used to"*** o ***"my friends used to..."***, etc.

Fumaba cuando era un adolescente.	**I used to smoke when I was a teenager.**
Antes vivía en Inglaterra.	**I used to live in England.**
Antes venían aquí más a menudo.	**They used to come here more often.**

Cuando pronuncies ***"used to"*** piensa en sonidos y no en palabras sueltas. Debe sonar como si se tratase de una única palabra: **/iússstu/**.

Solían comprar pescado todos los viernes.	**They used to buy fish every Friday.**
Antes era un fumador empedernido.	**I used to be a chain smoker.**

Has leído bien, cuando en inglés decimos que alguien es un **'fumador empedernido'**, utilizamos la expresión ***"a chain smoker"***, literalmente un 'fumador que encadena un cigarro tras otro'.

Antes teníamos problemas con nuestros antiguos vecinos.	**We used to have problems with our old neighbours.**

Trabajemos ahora la estructura ***"used to"*** en negativo. La clave está en utilizar el auxiliar ***"didn't"*** antes del verbo ***"use"***. Por ejemplo, ***"I didn't use to play guitar"*** (**'Yo no solía tocar la guitarra'**).

Paul no solía leer mucho de niño.	**Paul didn't use to read very much as a child.**
Antes no había nada donde está la nueva urbanización.	**There didn't use to be anything where the new housing estate is.**

La palabra ***"urbanization"*** apenas se utiliza en inglés. No significa 'complejo de viviendas', sino que se refiere al **'proceso de urbanizar un área'**.

No solían hacer mucho deporte en la universidad.	**They didn't use to do much sport at university.**
Antes no bebía tanto café como ahora.	**I didn't use to drink as much coffee as I do now.**

Fíjate que en lugar de repetir el mismo verbo dos veces en la misma oración, podemos sustituirlo la segunda vez por el verbo auxiliar correspondiente (***"do"*** en la mayoría de los casos). Por ejemplo: ***"I ate more crisps than he did"***.

Antes nunca hacíamos la compra los domingos.	**We never used to do the shopping on Sundays.**

Recuerda que una vez que hayas empleado ***"never"***, no puedes continuar con un verbo en negativo. En inglés **no puede haber dos componentes negativos** en la misma oración.

Mi hermana y yo no nos llevábamos bien cuando éramos más jóvenes.	**My sister and I didn't use to get on when we were younger.**

SABER ALGO MÁS...

Podemos encontrar la palabra ***"worth"*** en el adjetivo ***"worthless"***, que significa **'sin valor'** o **'inútil'**. Por ejemplo, ***"This watch is worthless"*** (**'Este reloj no tiene valor'**).

SABER ALGO MÁS...

También se puede usar la estructura ***"to be worth"*** acompañada por sustantivos y el artículo ***"a"***. Por ejemplo, ***"It's worth a try"*** significa **'Merece la pena intentar'**; ***"It's worth a look"*** significa **'Merece la pena echar un vistazo'; y** ***"It's worth a listen"*** significa **'Merece la pena escucharlo'**.

UNA CURIOSIDAD...

La expresión ***"to be worth its weight in gold"*** equivale a la expresión castellana **'valer su peso en oro'**.

¡Pon el CD!
Pista de audio
22

¡Exprésate como un nativo!

TO BE WORTH + ALGO

/tttubiiuéez/

merecer la pena.../valer la pena...

En la última entrega te enseñamos el uso de la expresión ***"to be worth"*** cuando va acompañada por un verbo en gerundio, y en este libro trataremos otro uso de ***"to be worth"***, que es cuando va acompañada por un sustantivo.

To be worth	+	sustantivo
It's worth	+	the effort
Merece la pena	+	el esfuerzo

Por cierto, antes de empezar a trabajar queremos destacar que si simplemente queremos expresar **'¡Merece la pena!'** decimos ***"It's worth it!"***.

Vamos a trabajar con frases afirmativas y negativas. Para empezar familiarízate con los ejemplos en inglés, ya que su estructura varía algo con respecto a la que tenemos en castellano. Después tapa la columna de la derecha e intenta traducir las siguientes frases en alto.

Merecía la pena el esfuerzo.	**It was worth the effort.**

¡Ojo! No se puede decir *"It was worth it the effort"*. El segundo *"it"* sobra.

Valía la pena la espera.	**It was worth the wait.**

"Wait" se pronuncia igual que *"weight"*, que significa **'peso'** (cuando se trata de **'el peso de alguien o de algo'**).

Merecieron la pena todas las molestias.	**It was worth the hassle.**
Merece la pena.	**It's worth it.**
No merece la pena.	**It's not worth it.**
Creo que no merece la pena.	**I don't think it's worth it.**

Fíjate que mientras que en castellano empleáis con frecuencia la estructura **'Creo que no...'**, en inglés solemos decir, literalmente, **'no creo que...'**. Es decir, expresamos el verbo *"to think"* (**'pensar'**) en negativo y no el otro.

Ahora vamos a por unas frases que son algo más complejas. En esta ocasión, además de introducir oraciones interrogativas, veremos el uso de *"worth"* cuando significa **'valer'**, **'significar'**, y **'servir'**.

¿Merece la pena?	**Is it worth it?**

Encadena las palabra *"worth"* e *"it"*, para decir **/uéezittt/**.

¿Cuál es su valor?	**How much is it worth?**
Significa mucho para mí.	**It's worth a lot to me.**

Si algo **'significa mucho para alguien'**, también puedes decir que *"it has a lot of sentimental value"* (**'tiene mucho valor sentimental'**).

¿Mereció la pena esperar?	**Was it worth the wait?**

No se puede decir *"was it worth it waiting?"* ni *"was it worth it the wait?"*. En ambos casos el segundo *"it"* sobra. Las formas correctas serían ***"Was it worth waiting?"*** o ***"Was it worth the wait?"***.

Tener mucho dinero no sirve de mucho si no tienes tiempo para gastarlo.	**Having lots of money is not worth much if you don't have time to spend it.**
¿De verdad que este cuadro vale 500.000 libras?	**Is this painting really worth 500,000 pounds?**
¡Es imposible que esta basura valga 250 dólares!	**There's no way this trash is worth 250 bucks!**

ERROR COMÚN...

Entre los ejemplos de este *Paso* nos encontraremos con la palabra **'fábrica'**, que mucha gente erróneamente traduce como *"fabric"* en lugar de ***"factory"***. Recuerda que ***"fabric"*** significa **'tela'** o **'tejido'**.

PRONUNCIACIÓN (I)

La palabra ***"tear"*** puede tener dos significados: por una parte significa **'romper'** o **'rasgadura'**, y por la otra significa **'lágrima'**. Recuerda que en el primer caso se pronuncia **/tttée/**, mientras que en segundo se pronuncia **/tttía/**.

PRONUNCIACIÓN (II)

Cuando veas el adjetivo ***"ugly"*** (**'feo'**), ni se te ocurra pronunciarlo con el sonido de una 'u' castellana. ***"Ugly"*** se pronuncia **/áaggglii/**, y no /úggglii/.

¡Pon el CD!
Pista de audio
23

¡No queremos que tengas una mala experiencia lingüística cuando quieras expresarte! Para que los angloparlantes te entiendan, entre otras cosas es imprescindible una buena pronunciación.

Pronunciación

Veamos cómo se pronuncia...

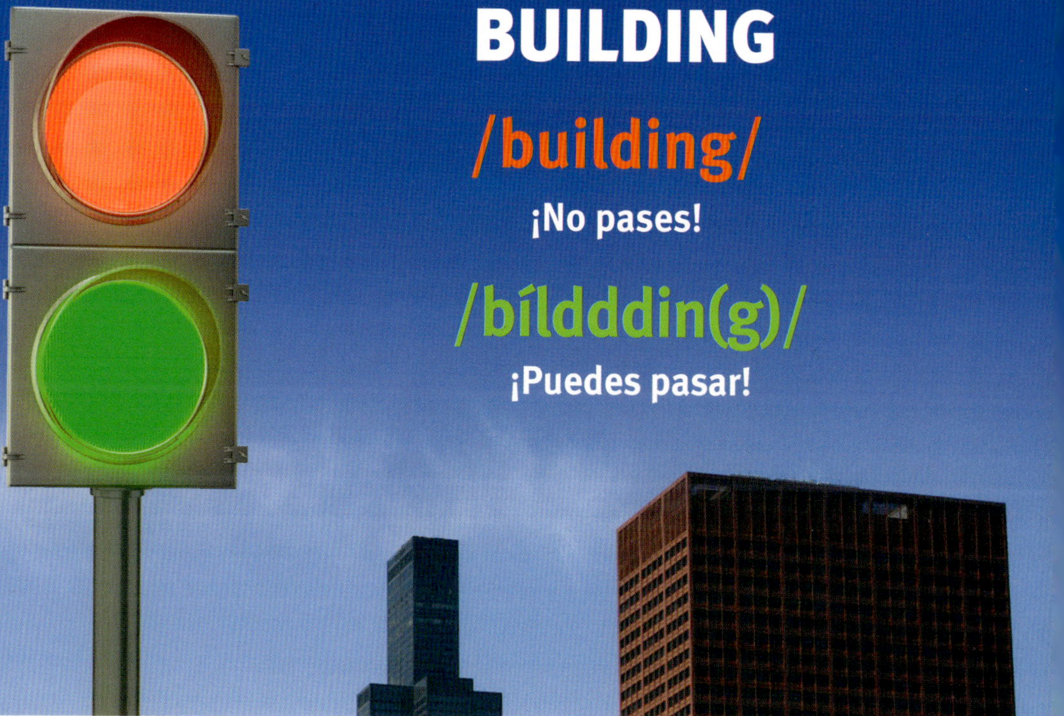

BUILDING

/building/

¡No pases!

/bíldddin(g)/

¡Puedes pasar!

A veces da la sensación de que la ortografía inglesa existe sólo para ponerle la zancadilla a tu pronunciación, ¡parece una conspiración! Por ejemplo, ¿¡por qué la palabra ***"Vaughan"*** tiene tantas vocales y consonantes pero se pronuncia /vvvónnn/, con tan solo una sílaba!?

El término que vamos a trabajar en este *Paso*, ***"building"*** (**'edificio'**), es un buen ejemplo de este fenómeno, ya que contiene una **'u'** que no se pronuncia. Decimos **/bíldddin(g)/**. Además, asegúrate de pronunciar la primera **'i'** muy corta y una **'d'** bastante sonora.

las siguientes frases vamos a afinar nuestra pronunciación de ***"building"*** al mismo tiempo que seguimos practicando la estructura ***"used to"*** **+ verbo** para referirnos a algo que antes solíamos hacer.

Antes (yo) vivía en un edificio más grande.	**I used to live in a taller /bíldddin(g)/.**

Por cierto, no estarás diciendo /used/, ¿verdad? ***"Used"*** se pronuncia **/iússsddd/**.

Antes Johan vivía en un edificio realmente horroroso.	**Johan used to live in a really horrible /bíldddin(g)/.**
Antes pasaba con el coche delante de muchos edificios abandonados de camino al trabajo.	**I used to drive past a lot of derelict buildings on my way to work.**
Antes había muchos edificios abandonados en esta urbanización.	**There used to be loads of abandoned buildings on this estate.**

"Abandoned" se pronuncia con tres sílabas: **/abándond/**.

Ese edificio antes era un hospital.	**That building used to be a hospital.**
Este edificio antes era una fábrica.	**This building used to be a factory.**

Tapando la columna de la derecha, traduce las frases de esta página al inglés en menos de 40 segundos. ¡En voz alta!

Seguimos con la pronunciación de ***"building"*** y la traducción de unas frases un poco más complejas. ¡A por ellas!

Hay menos edificios en esta ciudad que en la tuya.	**There are fewer buildings in this city than in yours.**

Este es el edificio más antiguo de la ciudad.	**This is the oldest building in the city.**

¿Todavía están construyendo esta urbanización? ¡Están tardando mucho!	**Are they still building this estate? It's taking them ages!**

Así es, el gerundio del verbo ***"to build"*** (**'construir'**) se escribe y pronuncia igual que el sustantivo ***"building"*** (**'edificio'**).

Este edificio se está desmoronando.	**The building is crumbling to bits.**

La **'b'** en la palabra ***"crumbling"*** es muy explosiva, no es una **'b'** muda.

¡Qué edificio más feo! ¡Deberían demolerlo!	**What an ugly building! They should tear it down!**

El edificio viejo se estaba desmoronando, así que lo demolieron el año pasado.	**The old building was crumbling to bits, so they tore it down last year.**

"Tore" se pronuncia **/tttóo/**.

PRONUNCIACIÓN (I)

Ten mucho cuidado con la forma de pronunciar el pasado simple del verbo ***"to boil"***. Como se trata de un verbo regular cuyo infinitivo no acaba con el sonido de una **'t'** o de una **'d'**, la 'e' queda totalmente muda. Se pronuncia /**bóilddd**/, y nunca /boiléd/.

4

PRONUNCIACIÓN (II)

Evita la tentación de incluir una 'c' en la palabra ***"attitude"***. Además, ***"attitude"*** se pronuncia /**átttichuddd**/, con el énfasis en la primera sílaba y una **'d'** bien fuerte y explosiva al final.

SABER ALGO MÁS...

En lugar de ***"to boil down to"*** se podría decir también ***"to come down to"***. Por ejemplo, la primera frase de nuestro ejercicio sería ***"It came down to a conflict of interests"***.

¡Pon el CD!
Pista de audio
24

No es necesario aprender todos los *phrasal verbs* que existen, pero sí dominar los más comunes. Si practicas a tope un único *phrasal verb* cada semana, tu inglés dará pasos de gigante.

Phrasal Verbs
¡Un Paso de Gigante!

"to boil down to"

Hoy presentamos un verbo con una clara metáfora culinaria. ***"To boil down to"*** significa **'reducirse a'**, es decir, se usa para referirnos a lo esencial, a lo que queda al final. Igual que en la cocina uno reduce una salsa hirviéndola.

"To boil down" se suele emplear con un sustantivo o con un verbo en gerundio (es decir, acabado en ***"ing"***):

It boils down to	**+**	**sustantivo**
It boils down to	**+**	**verbo en gerundio (-ing)**

Este *phrasal verb* tiene algunas ***"collocations"*** (**'colocaciones'**), es decir, algunas locuciones o coletillas que suelen colocarse justo después de ***"to boil down to"***. En la tabla de abajo te damos tres de las más comunes:

Se reduce a una cuestión de...	**It boils down to a question of...**
Se reduce a una cuestión de...	**It boils down to a matter of...**
Se reduce a si... o...	**It boils down to whether... or...**

En los siguientes ejemplos nos centraremos en el uso de ***"to boil down to"*** **+ un sustantivo.** Para sonar como un auténtico nativo, al decir las frases, haz más hincapié en recalcar la entonación de los sustantivos y no la del phrasal verb ***"to boil down to"***.

Se redujo a una cuestión de conflicto de intereses.	**It boiled down to a conflict of interests.**
Todo se redujo a una cuestión de dinero.	**It all boiled down to money.**

La inclusión de *"all"* hace que la frase sea un poco más enfática.

Con los hombres todo suele reducirse a una sola cosa.	**With men it usually all boils down to one thing.**
Todo se reduce a una cuestión de principios.	**It all boils down to a question of principles.**

¿Cómo se dice en inglés **'¿Merece la pena?'**?

"Is it worth it?"

Todo se reduce a una cuestión de actitud.	**It all boils down to a question of attitude.**
Al final todo se redujo a un solo factor: dinero.	**In the end it all boiled down to a single factor: money.**

Cuando nos referimos **'al final'** a secas, y no de al final de alguna cosa (por ejemplo, **'al final del día'**, **'al final de la presentación'**, etc.) se dice ***"in the end"*** y no *"at the end"*.

Vamos a subir el ritmo con unas frases más complicadas. La mayoría de ellas llevan el verbo en gerundio después del phrasal verb ***"to boil down to"***.

Lo principal es ayudar a ambos departamentos a comunicarse mejor.	**What it boils down to is helping both departments communicate better.**
Al final se redujo a una falta de confianza.	**In the end it all boiled down to a lack of trust.**

Otra traducción válida del verbo ***"to lack"*** es **'carecer de'**.

Todo se reduce a mantener contento al cliente.	**It all boils down to keeping the customer happy.**
Al final todo se redujo a ser proactivo y cooperativo.	**In the end it all boiled down to being proactive and cooperative.**
Todo se reduce a practicar lo que predicas.	**It all boils down to practicing what we preach.**

"To practice what you preach" es una frase hecha. Por ejemplo, ***"He doesn't practice what he preaches"*** (**'No practica lo que predica'**).

Al fin y al cabo, somos todos iguales.	**When it boils down to it, we're all the same.**

Estamos ante un *phrasal verb* inseparable. Es decir, no se puede decir *"boil it down to"*.

UNA CURIOSIDAD...

En inglés también existe el termino ***"dash"***, que es la versión corta de ***"dashboard"*** (**'salpicadero'**).

SABER ALGO MÁS...

A los **'retrovisores laterales'** en inglés se les llama ***"wing mirrors"***. Además de **'ala'**, la palabra ***"wing"*** significa **'flanco'**.

5

PARA PROFUNDIZAR...

Hay un verbo muy útil relacionado con uno de los términos que vamos a trabajar en este *Paso*: el termino ***"windscreen wipers"*** (**'limpiaparabrisas'**) viene del verbo ***"to wipe"***, que significa **'pasar un trapo'**.

¡Pon el CD!
Pista de audio
25

No importa el nivel de inglés que tengas, siempre conviene aprender más vocabulario. ¡Hasta los nativos nos expresamos mejor cuando ampliamos nuestro repertorio!

Vocabulario

Partes del coche

capó	**bonnet/hood**	**/bónnnett//hhhuuddd/**
salpicadero	**dashboard**	**/dddáshbooddd/**
guantera	**glove box**	**/gggláavvvboksss/**
embrague	**clutch**	**/kláach/**
freno	**brake**	**/bréik/**
maletero	**boot/trunk**	**/búutt//tráannnk/**
retrovisor	**rear-view mirror**	**/ríiavvviummmíra/**
limpiaparabrisas	**windscreen wipers**	**/uinnndskriinnnuáipas/**

En este *Paso* veremos vocabulario relacionado con algunas **'partes del coche'**. Aunque en nuestra lista hemos incluido algunos de los elementos más comunes, seguramente no los conozcas todos.

Un punto a destacar es que dos de los términos que te presentamos tienen nombres muy diferentes en el inglés británico y en el americano. En el inglés británico nos referimos al **'capó'** como ***"the bonnet"***, mientras que en el inglés americano se llama ***"the hood"***. Por otra parte, los británicos llaman al **'maletero'** ***"the boot"***, mientras que los americanos dicen ***"the trunk"***.

¿Estás listo para ponerte a prueba? ¡Vamos con las primera traducciones! En las siguientes frases vamos a ceñirnos a los términos estadounidenses ***"hood"*** y ***"trunk"***.

¿Has cerrado el capó?	**Have you shut the hood?**
¿Ha cerrado Bobby el maletero?	**Has Bobby shut the trunk?**

"Trunk" también significa **'tronco'** y **'trompa'**.

Sigue pisando el freno.	**Keep applying the brake.**

¿Cómo se dice **'un doctorado'** en inglés?

"A PhD"

Tenemos que limpiar el salpicadero y la guantera.	**We need to clean the dashboard and the glove box.**
Mi coche necesita un nuevo retrovisor y un nuevo limpiaparabrisas.	**My car needs a new rear-view mirror and new windscreen wipers.**

¡Otra diferencia! En Estados Unidos dicen ***"windshield"*** en lugar de ***"windscreen"*** (**'parabrisas'**), y ***"windshield wipers"*** en lugar de ***"windscreen wipers"***.

¿El embrague está roto o algo?	**Is the clutch broken or something?**

A continuación vamos a trabajar con las versiones británicas de **'capó'** (*"bonnet"*) y **'maletero'** (*"boot"*). ¡Tapa la columna de la derecha e intenta traducir las siguientes frases sin fallar!

Quitar las abolladuras del capó va a ser caro.	**Getting rid of the dents in the bonnet is going to be expensive.**
El embrague y los frenos están gastados.	**The clutch and the brakes are worn out.**

El verbo *"to wear"*, además de **'llevar puesto'** significa **'desgastar'** o **'gastar'**.

Abre el maletero y saca las bolsas por mí, por favor.	**Open the boot and get the bags for me, please.**

Como ya sabrás, además de **'maletero'** la palabra *"boot"* puede significar **'bota'**.

El retrovisor se ha caído; está encima del salpicadero ahora mismo.	**The rear-view mirror came off; it's on top of the dashboard at the moment.**
El limpiaparabrisas no funciona.	**The windscreen wipers aren't working.**
El antiguo retrovisor está en la guantera.	**The old rear-view mirror is in the glove box.**

¡Creemos que ha llegado el momento de superar un reto! *Are you ready?* Coge el cronómetro y trata de traducir las siguientes frases en menos de 30 segundos.

SABER ALGO MÁS...

Más adelante veremos la estructura que utilizamos para expresar **'estar acostumbrado a hacer algo'**. Se trata de ***"to be used to..."***, y en ese caso, el verbo que sigue a dicha estructura va en gerundio (**'-ing'**). Por ejemplo, la frase, **'Estamos acostumbrados a hacerlo'** la traducimos ***"We are used to doing it"***.

6

OTROS SIGNIFICADOS...

Cuando la palabra ***"used"*** funciona como adjetivo, significa **'usado'**, o lo que es lo mismo, ***"second hand"*** (**'de segunda mano'**).

PRONUNCIACIÓN...

Al hacer preguntas con la estructura ***"Did you...?"***, debes intentar pronunciar esta secuencia de palabras como si fuesen una sola: **/dídiu/**.

¡Pon el CD!
Pista de audio
26

Gramática II

Did you use to...?

En el primer *Paso* de este nivel trabajamos la expresión ***"I used to..."*** para expresar cosas que **'solíamos hacer'** en el pasado. Vimos, además, la forma negativa, para expresar cosas que **'no solíamos hacer'** (***"I didn't use to..."***). Ahora que dominas las dos formas, el afirmativo y el negativo, es hora de practicar esta misma estructura con la formulación de preguntas.

	Sujeto	+	used to	+	verbo
Afirmativo	**I**	**+**	**used to**	**+**	**to go to Paris.**
	Yo	**+**	**solía**	**+**	**ir a París.**
Negativo	**I**	**+**	**didn't use**	**+**	**to go to Paris.**
	Yo	**+**	**no solía**	**+**	**ir a París.**
Interrogativo	**Did you**	**+**	**use to**	**+**	**go to Paris?**
	Tú	**+**	**solías**	**+**	**ir a París?**

Como ya sabes, colocamos el auxiliar ***"did"*** al comienzo de la preguntas en el pasado, de manera que, para preguntar si solías hacer algo diremos ***"Did you use to...?"***.

A continuación te presentamos unos ejemplos para que practiques la formulación de preguntas con la estructura ***"used to"***. ¡Por supuesto, di todas las frases en voz alta!

¿Solías jugar al fútbol con tus amigos?	**Did you use to play football with your friends?**
¿Solía levantarse temprano tu padre cuando trabajaba?	**Did your father use to get up early when he worked?**

¿Cómo se dice en inglés **'¿Está roto el embrague o algo?'**?

"Is the clutch broken or something?"

¿Solías ir a la costa en verano?	**Did you use to go to the coast in Summer?**
¿Antes era Toledo la capital de España?	**Did Toledo use to be the capital of Spain?**
¿Solía llover más en el sur?	**Did it use to rain more in the South?**
¿Tu coche solía hacer ese ruido?	**Did your car use to make that noise?**
¿Solías llevar el pelo azul?	**Did your hair use to be blue?**

¡Ojo! En inglés nunca decimos literalmente **'tengo el pelo azul'**. Expresar *"I have my hair blue"* está mal. Como sabes, la forma correcta en inglés es ***"My hair is blue"*** (**'Mi pelo es azul'**).

Ahora vamos a responder afirmativa y negativamente a preguntas sobre cosas que solías hacer en el pasado. Se trata de un ejercicio muy completo ya que presenta la estructura ***"used to"*** en interrogativo (***"Did you use to...?"***), en afirmativo (***"Yes, I used to..."***) y en negativo (***"No, I didn't use to..."***).

Did you use to play tennis when your where at school?	+	**Yes, I used to play tennis when I was at school.**
Did you use to live in Asturias?	−	**No, I didn't use to live in Asturias.**
Did you use to have a red car?	+	**Yes, I used to have a red car.**
Did you use to play poker with your grandfather?	+	**Yes, I used to play poker with my grandfather.**

¿Recuerdas el *phrasal verb* de la semana pasada? Lo utilizábamos para expresar **'ponerse a hacer algo en serio'**.

"to knuckle down"

Did you use to share your bedroom with your brothers?	−	**No, I didn't use to share my bedroom with my brothers.**
Did you use to buy comics as a child?	+	**Yes, I used to buy comics as a child.**
Did you use to go on holidays with your friends.	−	**No, I didn't use to go on holiday with my friends.**

MINI TEST

¿Elige la opción que signifique **'Creo que no merece la pena'**.

a) I believe it is not important.

b) I don't think it's worth it.

c) I think it doesn't worth it.

Respuesta: b)

SABER ALGO MÁS (I)

"To beat" no significa sólo **'ganar a alguien'** como veremos en este *Paso*, también significa **'batir'**: ***"to beat an egg"*** (**'batir un huevo'**) o ***"to beat a record"*** (**'batir un récord'**). Un tercer significado bastante desagradable es **'apalear a alguien físicamente'**: ***"he beat her"*** (**'él le dio una paliza a ella'**).

SABER ALGO MÁS (II)

Otro sentido que puede tener el verbo ***"to become"*** lo empleamos cuando queremos decir que **'algo le queda bien a alguien'**: ***"That color becomes you"*** (**'Ese color te queda bien'**).

SABER ALGO MÁS (III)

En este *Paso* vamos a trabajar el verbo ***"to begin"*** para decir **'empezar'** o **'comenzar'**. ¿Cómo diremos entonces **'terminar'** o **'concluir'**? Para eso usamos los verbos ***"to end"***, ***"to finish"*** o ***"to conclude"***.

¡Pon el CD!
Pista de audio
27

Si realmente quieres considerarte un alumno de nivel avanzado, tienes que ser capaz de cambiar de un verbo irregular a otro, y de un tiempo verbal a otro, en cuestión de segundos. ¡Pon el audio e intenta seguir nuestro ritmo!

Verbos Irregulares

"to begin" "to beat" "to become"

Comenzar	begin /biggguínnn/	began /bigggánnn/	begun /bigggáannn/
Ganar	beat /bíittt/	beat /bíittt/	beaten /bíitttennn /
Convertirse	become /bikáammm/	became /bikéimmm/	become /bikáammm/

Entre los verbos de esta semana tenemos el verbo *"to begin"*, sinónimo del verbo *"to start"*, y en general poco usado por los estudiantes de inglés debido al miedo que les genera la similitud entre la pronunciación de su forma de pasado, *"began"* (**/bigggánnn/**), y el participio, *"begun"* (**/bigggáannn/**). El primero se pronuncia con una **'a'** similar a la castellana, y el segundo se pronuncia con una **'a'** más larga, que se articula intentando bajar la mandíbula lo más posible hacia el pecho.

En segundo lugar tenemos el verbo *"to beat"*, que hemos traducido como **'ganar'**, pero lo cierto es que su significado verdadero es el de **'ganar a alguien'** o **'derrotar a alguien'**. Si ganamos *"a match"* o *"a game"* (**'un partido deportivo'**), o ganamos *"a cup"* (**'una copa deportiva'**), o ganamos *"a championship"* (**'un campeonato'**), tendremos que usar el verbo *"to win"* (**'ganar'**). Pero para ganar todas esas cosas tendremos que haber **'ganado a nuestro contrincante'**: *"beaten our opponent"*.

Finalmente, tenemos el verbo *"to become"*, que empleamos comúnmente para hablar de profesiones. Por ejemplo, para decir **'Él se hizo médico tras años de estudio'** en inglés diríamos *"He became a doctor after years of studying"*.

¡Ya sabes lo que hay que hacer! Vamos a traducir las siguientes frases con el fin de que consigas un dominio total de los verbos que acabamos de ver. ¡Adelante!

Acabamos de comenzar la primera etapa del nuevo proyecto.	**We've just begun the first stage of the new project.**

Además de **'etapa'**, *"stage"* es el nombre que le damos al **'escenario'** de un teatro. Pero ¡cuidado!, si hablamos de un **'escenario'** conceptual o teórico, usamos una palabra italiana: *"scenario"*, pronunciado /senáaariou/.

Nadal ganó a Federer en Roland Garros.	**Nadal beat Federer at Roland Garros.**
Nos hemos convertido en buenos amigos últimamente.	**We've become very good friends recently.**

Recuerda que la traducción de **'últimamente'** no es *"ultimately"*. La palabra inglesa ***"ultimately"*** significa **'en última instancia'**. Se trata de uno de nuestros *falsos amigo* por excelencia.

El concierto empezó a las siete.	**The concert began at seven o'clock.**
¿Le has ganado a tu mujer al tenis alguna vez?	**Have you ever beaten your wife at tennis?**
Se sintió violento cuando le hice aquella pregunta.	**He became embarrassed when I asked him that question.**
A la larga él se convirtió en el mejor comercial en esta empresa.	**He eventually became the best sales person at this company.**

¡Vamos a por unas cuantas frases más! Ya sabes que debes decir todos los ejemplos en voz alta. Es importante que repitas este ejercicio hasta que te salgan las frases de una forma totalmente fluida.

Acabo de empezar una nueva novela.	**I've just begun a new novel.**
Le he ganado una vez (a ella) este año, pero normalmente me gana a mí.	**I've beaten her once this year, but she usually beats me.**
Me puse nervioso cuando ella no me llamó.	**I became nervous when she didn't call.**

En este tipo de frase se suele decir también *"I got nervous"*, sustituyendo *"to become"* por *"to get"*. De hecho, emplear el verbo *"to get"* es un pelín más común en inglés.

Mi hijo empezó el colegio antes de ayer.	**My son began school the day before yesterday.**
Ella empezó a correr antes de que pudiera andar.	**She began to run before she could walk.**
¿Te acuerdas de cómo derrotamos a nuestros rivales el año pasado?	**Do you remember how we beat our rivals last year?**

La pronunciación de la palabra *"rival"* no tiene casi nada que ver con la de **'rival'** en castellano. Nosotros decimos /ráivvval/.

Él se ha puesto muy celoso recientemente.	**He's become really jealous recently.**

¿Qué tienen en común las palabras *"nervous"* (**'nervioso'**) y *"jealous"* (**'celoso'**)? Que comparten las letras *"-ous"* y una pronunciación que no tiene mucho que ver con esas letras: *"nervous"* es /néevasss/ y *"jealous"* es /lléelasss/.

8

SIGLAS:

Las siglas ***"I.T."*** significan ***"Information Technology"*** que en castellano traducimos como **'Tecnologías de la Información'**.

PRONUNCIACIÓN:

"Patient" (**'paciente'**), es una palabra que suelen pronunciar incorrectamente muchos estudiantes de inglés. No decimos /pacient/ sino **/péishhhant/**, con el énfasis en la primera sílaba.

PARA SABER MÁS:

El sustantivo ***"firm"***, se utiliza muchas veces como sinónimo de ***"company"***, sobre todo refiriéndose a ***"advertising firms"***, **'agencias de pubicidad'** o a ***"law firms"***, **'bufetes de abogados'**.

¡Pon el CD!
Pista de audio
28

Comprensión Auditiva

Una de las claves del éxito para aprender cualquier idioma es la capacidad de entender y ser entendido. Si no tienes una buena comprensión auditiva del inglés, no podrás usarlo en el mundo real, lejos de la comodidad que proporcionan las aulas.

En este *Paso* te pondremos a prueba cada semana con la locución de un texto en inglés cotidiano. Primero, pon el audio y mientras lo escuchas, intenta contestar a las cinco preguntas de esta página. Después, en la página siguiente, lee dicho texto en inglés y las anotaciones que te ofrecemos. Si es necesario, vuelve a escuchar el audio y contesta cualquier pregunta que no hayas sabido responder antes. Para terminar, en la página **129**, puedes encontrar la traducción del párrafo al castellano y las respuestas a las preguntas de abajo. ¡Compruébalas!

1. **What does Richard want to show Leo?**

2. **Who designed that tool?**

3. **What's the tool for?**

4. **Why is it important to have all e-mail contacts in a central file?**

5. **What happens when you call a customer or prospect using that tool?**

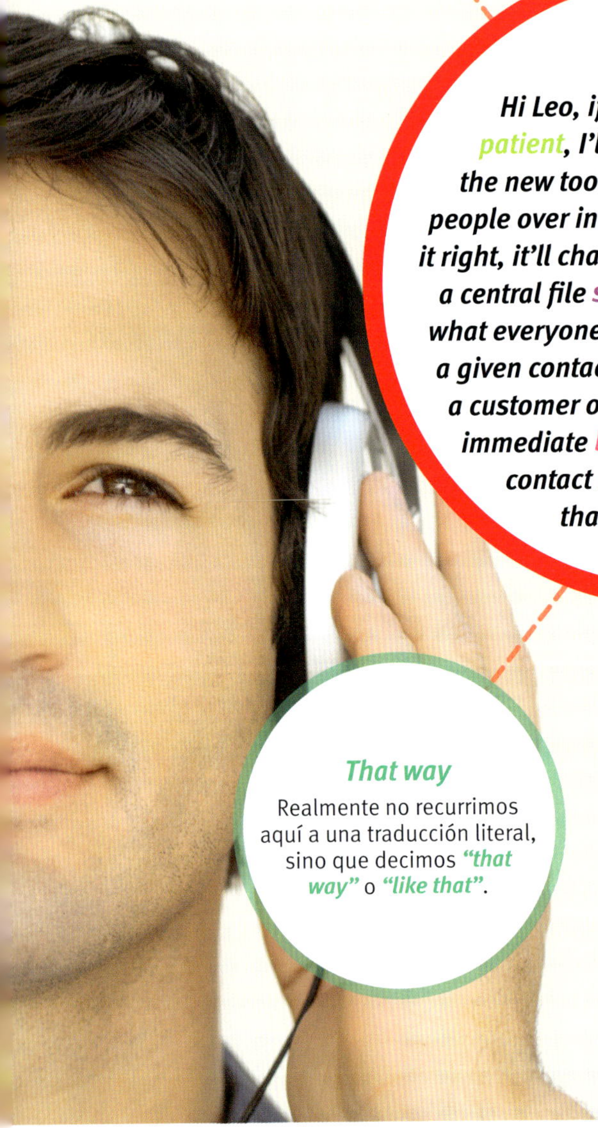

Richard:

Hi Leo, if you'll just be a little patient, I'll show you how to use the new tool. It was designed by the people over in I.T., and if you learn to use it right, it'll channel all e-mail contacts into a central file so that everyone will know what everyone else has said or done with a given contact. That way, when you call a customer or prospect, you'll have an immediate background file on every contact made from here with that person or firm.

be a little patient

Recuerda que en inglés no 'tenemos paciencia' sino que **'somos pacientes'**.

so that

Una regla importante. Cuando la preposición **'para'** acompaña a un verbo y no hay cambio de sujeto decimos *"to"* (y NUNCA *"for to"*). Por ejemplo: *"I work to feed my family"* (**'yo trabajo para alimentar** (yo) **a mi familia'**). En cambio, cuando **'para'** va con un verbo y hay un cambio de sujeto decimos *"so that"*. Por ejemplo, *"I work so that my family can eat"* (**'yo trabajo para que mi familia coma'**).

That way

Realmente no recurrimos aquí a una traducción literal, sino que decimos *"that way"* o *"like that"*.

background

Una palabra con una amplia gama de acepciones; tantas que ya se está incorporando al castellano. Significa **'antecedentes'** cuando se refiere a una situación o a un acontecimiento. Cuando se usa en referencia a una persona, sin embargo, significa **'formación, currículo, experiencia profesional u origen'**.

Richard:

Si tienes un poco de paciencia, te enseñaré a utilizar la nueva herramienta. Ha sido diseñada por el Departamento de Informática y, si aprendes a utilizarla correctamente, canalizará todos los contactos de e-mail a un archivo central para que todo el mundo sepa lo que todos los demás han dicho o hecho con un contacto determinado. De esta forma, cuando llames a un cliente o a un interesado, tendrás un archivo de antecedentes inmediatos de cada contacto que se haya hecho desde aquí con esa persona o empresa.

1. **What does Richard want to show Leo?**
   He wants to show Leo the new tool.
2. **Who designed that tool?**
   It was designed by the people over in I.T.
3. **What's the tool for?**
   It channels all e-mail contacts into a central file.
4. **Why is it important to have all e-mail contacts in a central file?**
   That way, everyone will know what everyone else has said or done with a given contact.
5. **What happens when you call a customer or prospect using that tool?**
   You'll have an immediate background file on every contact made from here with that person or firm.

Si te perdiste alguna pregunta de la primera página de este *Paso*, vuelve a poner el audio e inténtalo de nuevo. Estamos seguros de que esta vez tendrás mucha más facilidad para contestarlas.

SABER MÁS...

La palabra ***"zero"*** también puede formar parte de verbos: ***"to zero in"*** significa **'afinar la vista sobre un objetivo'**.

SINÓNIMOS

En este *Paso* te enseñamos cinco formas de decir **'cero'**, pero eso no significa que no haya muchas más: ***"nix"*** (/**niksss**/), ***"zip"*** (/**sipp**/), ***"zilch"*** (/**silch**/) e incluso decimos ***"nada"*** (**'nada'**) con mucho acento guiri para expresar **'cero'**.

9

UNA EXPRESIÓN

Cuando estamos viendo un partido y vemos que estamos 'por detrás' de nuestro contrincante en lo que respecta a puntos, decimos que estamos 'por debajo': ***"We're five points down"***, literalmente, **'Vamos cinco puntos por debajo'**.

¡Pon el CD!
Pista de audio
29

Números... ¡A paso ligero!

Números

En inglés tenemos muchas formas distintas de decir **'cero'** por lo que merece la pena dedicar un instante a por lo menos cinco.

Las principales formas son las siguientes:

zero	**/sírou/**	Es una forma muy norteamericana, pero que se emplea en el Reino Unido.
nought	**/not/**	Al contrario que ***"zero"***, es una forma típicamente británica y apenas se usa en los EEUU.
o	**/óu/**	Los empleamos para números de teléfono y para años de la primera década de cada siglo, hasta llegar al año 2000.

Además de estas tres formas existen dos más estrictamente vinculadas al mundo del deporte.

love	**/láavvv/**	El cero en tenis por excelencia.
nil	**/nil/**	El cero del mundo futbolístico y del rugby. En fútbol norteamericano, sin embargo, dicen ***"zero"***.

En las siguientes traducciones empezamos practicando el uso de *"zero"* y sus variantes en situaciones no deportivas.

En Chicago están a cinco grados bajo cero y en Indianápolis a cuatro grados por encima de cero.	**It's five degrees below zero in Chicago and four above in Indianapolis.**

En Estados Unidos dicen **/síííirou/** con un fuerte énfasis en la primera sílaba, mientras que los británicos dicen **/sirou/**. Tanto en EEUU como en el RU la consonante inicial de ***"zero"*** es una **'z'** vibrada como el volar de una mosca.

Johnny sacó un cero de diez en su examen de matemáticas.	**Johnny got nought out of ten in his maths exam.**

"Nought" es una palabra más en la que debemos olvidar la **'gh'**. Se pronuncia **/nóottt/**.

El año 1905.	**The year nineteen "o" five.**
Sí, sí tengo su número de teléfono (de él). Es 0161 039 6806.	**I do have his number! It's "o" one six one, "o" three nine, six eight "o" six.**
Estoy en la habitación quinientos nueve.	**I'm in room five "o" nine.**
¡Llama a un taxi! Marca el 0161 439 5000.	**Call a cab! Dial "o" one six one, four three nine, five triple "o".**
Mi número de teléfono es el (908) 555-0070.	**My phone number is nine "o" eight, five five five, double "o" seven "o".**

Ahora sí vamos a trabajar el **'cero'** deportivo. Vamos a ver el uso de *"nil"* y *"love"* y *"zero"* al hablar de resultados de distintos partidos.

Nadal ganó el partido 6-0, 6-4, 6-0.	**Nadal won the match six love, six four, six love.**

Quedamos (ganamos) 5-0.	**We beat them five nil.**

El pasado simple del verbo *"to beat"* es igual: *"beat"*; y el participio, *"beaten"*.

España ganó el mundial quedando 1-0 en 2010.	**Spain won the world cup final one nil in 2010.**

Están ganando quince a cero en el primer cuarto.	**They're winning fifteen to zero in the first quarter.**

En Estados Unidos es típico oír también decir *"fifteen nothing"* en vez de *"fifteen nil"*.

La tanda de penaltis terminó en 3-0.	**The penalty shootout ended three nil.**

Él ganó cada partido 40 a cero.	**He won each game forty love.**

La final terminó en un cero a cero así que fueron a penaltis.	**The final ended nil nil so it went to a penalty shootout.**

RECUERDA QUE...

En inglés, la forma más natural que tenemos para decir **'Yo solía hacer algo'** es ***"I used to do something"***. Para expresar el verbo **'soler'** en presente tenemos que recurrir al adverbio ***"usually"***.

ESFUÉRZATE EN...

Practicar el *phrasal verb* ***"to boil down"*** para incorporarlo a tu vocabulario activo: ***"It all boiled down to money"*** (**'Todo se redujo a una cuestión de dinero'**).

NO OLVIDES...

Las distintas formas que tenemos en inglés para referirnos al **'cero'**: ***"zero"***, ***"nought"***, ***"o"***, ***"love"***, y ***"nil"***.

¡Pon el CD!
Pista de audio
30

¡El rePaso!

¡Ha llegado la hora del test final! El repaso continuo es la clave del éxito y nunca lo podemos olvidar. ¿Has logrado hacerte con todas las palabras, estructuras y sonidos de esta entrega? No sólo se trata de entenderlas, sino también de reproducirlas con confianza y soltura.

Solían comprar pescado todos los viernes.	**They used to buy fish every Friday.**
Antes era un fumador empedernido.	**I used to be a chain smoker.**
No solían hacer mucho deporte en la universidad.	**They didn't use to do much sport at university.**
Valía la pena la espera.	**It was worth the wait.**
Creo que no merece la pena.	**I don't think it's worth it.**
¿De verdad que este cuadro vale más de 500.000 libras?	**Is this painting really worth 500,000 pounds?**
Antes Johan vivía en un edificio realmente horroroso.	**Johan used to live in a really horrible building /bíldddin(g)/.**

Este edificio se está desmoronando.	**The building is crumbling to bits.**

La **'b'** en la palabra ***"crumbling"*** es muy explosiva, no es una **'b'** muda.

Con los hombres todo suele reducirse a una sola cosa.	**With men it usually all boils down to one thing.**
Lo principal es ayudar a ambos departamentos a comunicarse mejor.	**What it boils down to is helping both departments communicate better.**
Todo se reduce a practicar lo que predicas.	**It boiled down to practicing what we preach.**

"To practice what you preach" es una frase hecha. Por ejemplo, ***"He doesn't practice what he preaches"*** (**'No practica lo que predica'**).

Tenemos que limpiar el salpicadero y la guantera.	**We need to clean the dashboard and the glove box.**
Mi coche necesita un nuevo retrovisor y un nuevo limpiaparabrisas.	**My car needs a new rear-view mirror and new windscreen wipers.**
El embrague y los frenos están gastados.	**The clutch and the brakes are worn out.**
¿Solía llover más en España?	**Did it use to rain more in Spain?**
¿Tú coche solía hacer ese ruido?	**Did your car use to make that noise?**

¿Le has ganado a tu mujer al tenis alguna vez?	**Have you ever beaten your wife at tennis?**
Se sintió violento cuando le hice aquella pregunta.	**He became embarrassed when I asked him that question.**
Acabo de empezar una nueva novela.	**I've just begun a new novel.**
Si tienes un poco de paciencia, te enseñaré a utilizar la nueva herramienta.	**If you'll just be a little patient, I'll show you how to use the new tool.**
Tendrás un archivo de antecedentes inmediatos de cada contacto que se haya hecho desde aquí con esa persona o empresa.	**You'll have an immediate background file on every contact made from here with that person or firm.**
¡Llama a un taxi! Marca el 0161 439 5000.	**Call a cab! Dial "o" one six one, four three nine, five triple "o".**
Nadal ganó el partido 6-0, 6-4, 6-0.	**Nadal won the match six love, six four, six love.**

Un consejo: Si no dedicas un mínimo de **20 minutos al día** durante toda esta semana para consolidar tus conocimientos, acabarás desperdiciando todo el esfuerzo que has hecho en los últimos diez *Pasos*. REMEMBER: ¡20 minutos al día!

Notes

Notes

Notes